Elisabeth Meru · *Scherbengesicht*

Elisabeth Meru

Scherben-gesicht

Mein Weg aus der Prostitution

Mit einem Vorwort von Lea Ackermann

Kösel

Druck und Bindung: Kösel, Kempten
Umschlaggestaltung: Elisabeth Petersen, Glonn
ISBN 3-466-30294-3
1 2 3 4 5 6 · 95 94 93 92 91 90

Diese Aufzeichnungen widme ich meiner Mutter, die immer noch das Begreifen sucht und meiner geduldigen Freundin Marina.

Meiner Freundin Ille, die seit dreißig Jahren treu und nah in meinem Leben steht, gehört ebenso mein Dank wie meiner geistigen Mutter Adelheid.

Ohne Vorurteil, als Wegweiser und in schweren seelischen Stunden standen Sissy, Elske, Gerald, Ingrid, Katrin, Peter und Irene mir bei.

Schwester Lea Ackermann zeigt durch ihren Beitrag, daß zwei fremde Welten durchaus harmonieren können.

Inhalt

Vorwort von Lea Ackermann

Gedanken zum Thema Prostitution

»Scherbengesicht«, so überschreibt die Autorin den Rückblick auf ihr Leben. Ihre Lebensgeschichte hat viele Wunden und Narben. Vieles im Leben ist in die Brüche gegangen, hat Scherben hinterlassen, die sie in mühevoller Arbeit an sich selbst wieder zusammenflickt. Das Schicksal einer einzelnen Frau, die zur Prositituierten wird, ist sicher, wie jedes Schicksal, einmalig und trotzdem ist es aussagekräftig für viele Frauen, die in der einen oder anderen Weise die Prostitution als einzigen Weg für sich erkennen. Viele Lebenswege und Geschichten zeigen Gemeinsamkeiten; Familientragödien, wirtschaftliche Notsituationen, Auswegslosigkeiten, gesellschaftliche Strukturen, persönliche Erfahrungen von frühkindlichem Mißbrauch, ehelicher Betrug und Erfahrung von Untreue in wichtigen Partnerbeziehungen. Welche Chancen haben diese Frauen tatsächlich in ihrem Leben gehabt?
Das ist eine Frage, die ich mir immer wieder gestellt habe. Bei einem Besuch in St. Pauli, Hamburg – eine ökumenische Gruppe »Teestube Sarah« hatte mich zu einem Erfahrungsaustausch eingeladen –, besuchte ich die Frauen am Fischmarkt. Ich kam mit ihnen ins Gespräch. Sie versicherten mir, daß sie freiwillig so ihr Geld verdienen. Auf meine Frage, wovon sie denn leben würden, wenn sie hier nicht stünden, wurden sie verlegen. Einige sagten mir, sie könnten sich ja eine Putzstelle suchen. Das veranlaßte mich zur Gegenfrage: »Putzen Sie denn so gerne?« Verlegenes Lachen war die Antwort und ein »Na ja, hab halt keinen Schulabschluß.«
Andere versicherten: »Ich mach' das hier nur zwei Jahre, dann

habe ich meine Schulden bezahlt und baue mir was Eigenes auf, zum Beispiel eigene Kneipe, Imbißstube, Kiosk, Boutique.« So sehen und träumen andere von einer Zukunft, die sich für fast alle nicht realisieren wird. Die Erfahrung der Älteren könnte die Jüngeren warnen. Das schnell verdiente Geld ist schnell wieder ausgegeben und die Ausgangsprobleme bleiben dieselben. Neue Schwierigkeiten sind dazugekommen: Abwertung und Stigmatisierung durch die Gesellschaft, neuer Lebensstil und Lebensgewohnheiten, Abhängigkeiten auch von Alkohol, Zuhältern usw. Die Wege, die Frau Meru gegangen ist und in ihrer Lebensbeschreibung vor uns aufzeichnet, sind ungewöhnlich und gelingen nur ganz wenigen in Deutschland.

Meine Begegnungen mit Frauen von St. Pauli war nur flüchtig. Mehr von der Situation, den Problemen und Schwierigkeiten dieser Frauen hatte ich durch meine Arbeit in Afrika erfahren. Als ich 1985 von meiner Gemeinschaft der »Missionsschwestern Unserer Lieben Frau von Afrika« nach Kenya geschickt wurde, um dort an Lehrerfortbildungsprogrammen mitzuarbeiten, war mir aus der Literatur ein anderes Problem Kenyas bekannt, das des Sextourismus und der Ausbeutung der Frauen. Mich interessierte vor allem das Schicksal der schwarzen Frauen, die sich an die deutschen Touristen verkaufen. Mit ihnen versuchte ich, ins Gespräch zu kommen und von ihnen wollte ich hören, wie sie ihre Situation beurteilen. In Hamburg, einige Jahre später, war ich mir nicht mehr so sicher, daß die Situation der schwarzen Prostituierten keine Gemeinsamkeiten mit der der deutschen aufweist.

Ich denke dabei an eine sehr schöne und intelligente Frau, die in Mombasa/Kenya mit deutschen Touristen ihr Geld verdiente. In der Bar des Rainbow-Restaurants in Kenya lernte ich sie kennen. Ich wollte mehr wissen über die Situation der Frauen, die durch den Sextourismus in Ländern der Dritten Welt ausgebeutet werden. Ich wollte den Vorurteilen, mit denen bei uns in Deutschland so leicht das Geschäft mit der wirtschaftlichen Not der Frauen in der Dritten Welt heruntergespielt wird, begegnen können und zwar mit den Argumenten der Frauen, die davon betroffen sind. Die Argumente, die zur Rechtfertigung und Verharmlosung angeführt werden und die ich immer wieder zu hören bekam, sind im Grunde folgende: »Die Frauen in der Dritten Welt sind noch Naturkinder, die wissen, was einem Mann gut tut. Sie sind nicht so verklemmt wie deutsche Frauen. Denen macht das nichts aus, ganz im Gegenteil, denen macht es Spaß. Sie bekommen Geld, das sie ja so dringend brauchen, zum Leben und Überleben der ganzen Familie. Weil sie mehr Geld haben als die anderen Frauen, gewinnen sie noch an Prestige. Sie werden nicht marginalisiert. Prostituierte sind eine besondere Art von Frauen. Sie sind arbeitsscheu, faul, lieben das leichte Leben und das schnelle Geld.« Mir wurde gesagt, ich solle mich als Ordensfrau und damit »anständige Frau« um solche Dinge nicht kümmern. Das passe nicht zu meinem Lebensziel. Am besten wäre, ich wüßte gar nicht, daß es so etwas wie »Sexualität« gibt und wenn dennoch, dann solle ich wenigstens so tun, als gäbe es sie nicht.

Ich aber wollte von den Frauen selber wissen, wie sie ihr Leben sehen. So ging ich dorthin, wo sie anzutreffen waren: in Restaurants und Bars. Das ist nicht schwer. Sie sitzen ja den ganzen Tag in den Lokalen herum und warten auf die Kunden.

So ging ich eines Abends in die Bar des Rainbow-Restaurants. Nur zwei Frauen hingen an der Theke. Die eine pöbelte mich an und zwar in deutsch. »Komm doch her, oder hast Du etwa Angst?« Ich sprach ganz einfach zu ihr und ging nicht auf ihren Ton ein. Sie war eher aggressiv an diesem ersten Abend. Ob ich meine, daß es ihr Spaß mache, für jeden Deppen den Clown zu spielen? Ob ich nicht sehen würde, daß ihr Land reich sei, aber sie keinen Anteil daran habe? Ihr Land habe keine andere Möglichkeit für sie, als diesen miesen Job. Sie könne im eigenen Land nicht leben. Sie dürfe sich nicht frei bewegen, nicht hingehen, wohin sie wolle. Sie dürfe nicht, wie jede Ausländerin, in ein Hotel gehen, oder an den Strand – in ihrem eigenen Land. Ob ich das für lustig halte? Und sie stieß noch einiges mehr heraus über die Machenschaften von Politikern und Polizisten.

Sie war wütend. Von da an sahen wir uns öfter, grüßten uns und wechselten immer einige Worte. Aber es dauerte noch mindestens ein Jahr, bis sie endlich eines Tages im Kloster erschien und mich unbedingt sprechen wollte. Sie hatte einen Traum, der sie sehr beunruhigte und mich sehr betroffen machte. Da sie mir den Traum als ihr Geheimnis anvertraute, werde ich ihn auch hier nicht aufschreiben. Aber bei dieser Gelegenheit erzählte sie in sehr groben Zügen ihre Lebensgeschichte. Ihre Mutter hatte drei Kinder. Sie war gerade fünf Jahre alt, als der Vater eines Nachts mit einer anderen Frau ankam, der Mutter befahl, noch in der Nacht ihre Sachen und die Kinder zu nehmen und zu verschwinden. Noch in der Nacht machte sich die Mutter auf. Für Ayoma brach eine Welt zusammen. Sie hatte furchtbare Angst, zumal sie im Busch lebten und es noch wilde Tiere in der Nähe gab. Sie machten sich auf den Weg zur Großmutter mütterlicherseits. Die Nacht war schrecklich. Ayoma verlor allen Glauben und jeden Vertrauen in den Vater, der sie solcher Gefahr aussetzte. Bei der Großmutter konnten sie nicht lange bleiben. So zog die Mutter mit den drei Kindern nach Mombasa. Sie bemühte sich, Ayoma in einer guten Schule unterzubringen. Es ging auch einige Jahre gut. Die Mutter verdiente nach anfänglichem Mißerfolg als Marktfrau in der Prostitution genug Geld. Als Ayoma 13 Jahre alt war, mußte sie von der Schule genommen werden, weil es für die Mutter zu schwer wurde, das Schulgeld aufzubringen. Ayoma sah die Not der Mutter und wollte sich selbständig machen. Sie hatte ein gutes Angebot. Eine Freundin

machte sie mit ein paar Freunden bekannt. Dort traf sie auch einen 65jährigen Kaufmann aus Köln. Er versprach ihr ein sehr schönes Leben in Deutschland, wo er sie auch mit hinnahm. Aber schon am nächsten Tag nach der Ankunft nahm er sie mit in die ... Straße und zeigte ihr, wie sie sich »benehmen« und bewegen mußte, um viel Geld zu verdienen. Nun mußte sie für ihn Geld verdienen. Als sie 16 Jahre alt war, besorgte er ihr einen neuen Paß, in dem »18 Jahre alt« eingetragen war. Dann heiratete der Kaufmann Ayoma. Aber ein Jahr später lief sie ihm davon, zu einem jungen Zuhälter. Von ihm bekam sie ein Kind, das mit der deutschen Großmutter lebt. Nach einigen Jahren Deutschland kam sie zornig zurück nach Kenya.
Den Zorn konnte ich gut verstehen. Als Alkoholikerin, ohne Ausbildung und Ersparnisse, mußte sie weiter machen und mit Männern, die sie nicht liebte und zu denen sie seit der Erfahrung mit ihrem eigenen Vater kein Vertrauen hatte, ihr Geld zum Leben verdienen. Sie war zornig, weil sie, sehr intelligent und noch immer sehr schön, vor den Scherben ihres Lebens stand und keinen Ausweg sah, um ihr verpfuschtes Leben neu zu orientieren.
Ein anderes Beispiel ist Wairimu. Sie war verheiratet und hatte zwei Kinder. Ihr Mann schlug sie nur und gab ihr kein Geld, um die Familie durchzubringen. Er war ein Säufer. So gab sie ihre beiden Kinder ihrer Mutter und kam nach Mombasa. Auch sie verdiente ihr Geld durch die Prostitution mit vorwiegend deutschen Touristen. »Sie bilden sich ein, sie seien etwas besonderes, weil sie Weiße sind und Geld haben. Aber sie sind im Verhalten wie die afrikanischen Männer.« »Ein Mann ist eben ein Mann«, meint sie lakonisch. Als ich sie traf und fragte, wovon sie denn lebe, meinte sie, »vom Betteln«. Sie ist nicht sehr hübsch und auch schon etwas älter. Sie hat ein sehr hartes Leben hinter sich und greift nach jedem Strohhalm, um ihr Leben zu verändern.

Verletzt, betrogen und ausgenutzt, wirtschaftlich im Elend, so sind die Ausgangssituationen sehr vieler Frauen, die in die Prostitution geraten. Einige Frauen denken, sie könnten auf diese Weise ihre wirtschaftliche Situation verbessern und nach einiger Zeit wieder aussteigen. Gerade das aber ist aus verschiedenen Gründen für die meisten Frauen nicht mehr möglich.

Dreihundert Frauen haben mir ihre Geschichte erzählt, keine war glücklich über ihre Situation, keine hatte wirklich eine faire Chance im Leben. Die einen waren als Kinder schon von Brüdern, Onkeln oder dem eigenen Vater sexuell mißbraucht worden; andere erlebten die Hölle in der Ehe und brachen aus; wieder andere wurden im fremden Haushalt als Hausangestellte vom Hausherrn mißbraucht, bei der Stellensuche vom möglichen Chef sexuell ausgenutzt; andere wurden von einem reichen europäischen Ehemann betrogen, andere unter falschen Versprechungen in die Prostitution gezwungen. In einer Stadt wie Mombasa oder vielen anderen Städten, in denen die große Mehrheit der Bevölkerung unter der Armutsgrenze lebt, und in denen sich viele Touristen herumtreiben, geschieht es ganz schnell, daß junge Mädchen und Frauen vermarktet werden. Ich habe mit diesen Frauen gesprochen und Auswege aus ihrer Situation gesucht. Der organisierte Sextourismus profitiert von der wirtschaftlichen Not der Frauen in den Ländern der Dritten Welt. Dorthin kommen die »reichen« Europäer, Japaner oder Amerikaner. Sie können es sich leisten, in die Länder zu reisen und sich mit ihrem teilweise sauer verdienten und ersparten Geld groß aufzuspielen, anzugeben und sich alles zu kaufen, auch die Frauen und Kinder, weil »die dort ja so unglaublich billig sind«.

Nein, es macht den Frauen nicht unbedingt Spaß, mit jedem »Deppen« abzuziehen, den ganzen Tag herumzuhängen, sich Krankheiten zu holen, sehr unregelmäßig Geld zu bekommen, für das Alter, das ja meistens sehr früh kommt, nicht abgesichert zu sein, die Kinder nur ganz selten zu sehen und nicht regelmäßig für sie sorgen zu können, laufend von der Polizei belästigt zu werden, denn Prostitution ist verboten.

Die herrschende Meinung zeigt sich in den Gesetzen, die in den verschiedensten Gesellschaften die Tendenz zeigen, die Schuld für Prostitution den Frauen zuzuschreiben. Einerseits wird argumentiert, daß die Prostitution das älteste Gewerbe der Welt sei, im Sinne des Hl. Augustinus »ein notwendiges Übel«. Andererseits gibt es Gesetze, die Prostitution verbieten oder sie – wie bei uns – als Zugeständnis in einigen Bezirken, Straßen, Häusern erlauben.

Die Behauptung: »Prostitution sei so alt wie die Menschheit«, will gleichzeitig feststellen, daß »man« sie auch nicht abschaffen kann. Dagegen möchte ich die Behauptung stellen, daß es Prostitution überall dort gibt, wo patriarchalische Strukturen das Geschehen bestimmen.

»Anständige Frauen« haben über Prostitution und die Fragen, wie es dazu kommt, wo die Opfer sind, wie sich einzelne Gesetze auswirken usw., nicht nachzudenken. Das ist kein Thema für sie. Auch über die Aussage des Hl. Augustinus habe ich lange nachgedacht. Krankheit ist ebenfalls ein Übel. Wir wissen genau, daß wir sie nicht aus der Welt schaffen können, aber tun in Wissenschaft, Forschung, Gesetzgebung und Praxis alles, um dagegen anzugehen. Niemand behauptet, Krankheit sei ein notwendiges Übel.

Wenn Prostitution ein notwendiges Übel ist, für wen ist es dann notwendig? Für Männer. Denn die haben einen stärkeren Sexualtrieb, den sie nicht kontrollieren können und darum braucht es für sie – damit sie nicht alle Frauen auf der Straße anfallen – Frauen, die sich bereitwillig oder gezwungenermaßen zur Verfügung stellen.

Diese Sicht vom Menschen paßte nicht in mein Gottesbild. Da erschafft der liebe Gott Mann und Frau nach seinem Ebenbild, aber den Mann stattet er so aus, daß er zur Gewalt an

Frauen angelegt ist. Liebt Gott die Frauen, ebenfalls seine Ebenbilder, nicht in gleicher Weise? Für mich war die Erklärung mit der unterschiedlichen sexuellen Veranlagung nie eine Begründung.
Überzeugender erscheinen unterschiedliche Wertmaßstäbe und Erziehung von Jungen und Mädchen. In der Zeit meiner Jugend (vor ungefähr 30 Jahren) war ein junges Mädchen, das mehrere Kontakte zu Jungen hatte, schnell als Dirne abgestempelt. Den jungen Mädchen, die etwas auf sich hielten und deren Eltern um eine gute Erziehung besorgt waren, war der Umgang mit »so einer …« untersagt. Ein Junge, der schon recht früh viele Freundinnen hatte und auch über seine sexuellen Erfahrungen mit Mädchen prahlte, galt als »toller Hecht«. Während dem Mädchen die Kontrolle seiner Sexualtriebe früh beigebracht wurde und mit sozialer Wertung oder Abwertung bedroht wurde, konnte sich der junge Mann »ausleben«. Er sollte mit Erfahrungen in die Ehe gehen. Oder er sollte sich die »Hörner« abgestoßen haben. Dabei wurde eine »heile« Welt aufgebaut, die Opfer und Ausbeuter vorprogrammiert. So blieb auch später der Seitensprung eines Mannes ein Kavaliersdelikt. Die Frau, die durch eine Krankheit oder die Geburt eines Kindes längere Zeit von zu Hause weg war, wurde mitleidig belächelt, wenn sie sich über die mögliche Untreue ihres Mannes während ihrer Abwesenheit Sorgen machte. Treue war ein Begriff, der eigentlich nur für die Frauen galt, die Männer fühlten sich wohl nie in gleicher Weise verpflichtet. »Untreue« ist ein altmodischer Begriff, der in eine kleine Welt einsperrt, erklärte mir ein Mann, der mit einer Frau einen Ehebruch beging.
Wenn ich heute mit jungen Mädchen über das Problem der Prostitution spreche und die Regeln der Erziehung von damals, vor 30 Jahren, anführe, dann wird mir von jungen Frauen, immer wieder bestätigt, daß sich die Dinge so grundsätzlich nicht gewandelt haben.

Die verschiedene Bewertung der Frau und des Mannes beim Geschäft Prostitution ist mir nie einsichtig gewesen. Die Prostituierte ist eine Dirne und gehört zum Abschaum der Gesellschaft und der Mann, der zu ihr kommt, bleibt makellos, denn für ihn ist es ein Kavaliersdelikt, das sich im Geheimen abspielt. Die durch die Erziehung verinnerlichten Werte werden hier voll wirksam. Diese Werte werden dann auch in den Gesetzen verteidigt. Dort wo die Prostitution illegal ist, wird die Frau zur Kriminellen. Als Zugeständnis für die Schwäche des Mannes oder die »Schwäche« der Frau, wird Prostitution in unserem Land an bestimmten Orten, Straßen und Plätzen zugelassen.
Eine Frau, die in der Prostitution ihr Geld verdiente, sagte mir einmal: »Bei soviel Ungereimtheiten und Erfahrung menschlichen Elends kann ich doch nicht mehr vertrauen. Sehen Sie, zu uns kommen Männer mit weißen Hemden und Krawatten, sie sind auf der Straße oder im Büro die Herren. Sie kommen zu uns, handeln eine viertel Stunde aus. Wir gehen mit ihnen ins Zimmer, mit An- und Ausziehen und dem ›Eigentlichen‹ ist eine viertel Stunde um. Sie achten darauf, daß das Hemd ordentlich zugeknöpft und die Krawatte sitzt, dann gehen sie wieder als Herren zurück ins anständige Leben. Und wir, wir sind der letzte Dreck, dabei haben wir sie behandelt, wie wir nie einen Freund behandeln würden«. Natürlich gibt es auch andere Aussagen, aber diese steht für viele. Das Gehabe des Kunden ist Unterwürfigkeit oder Großtuerei, Imponiergehabe und gleichzeitig verachtet er die Frau, die er ja nur bekommt, weil er dafür zahlt. Er verachtet sie wahrscheinlich, weil sie ihn so mickerig, klein und armselig erlebt hat, auch in dem Gehabe, das er als »anständiger« Mann oder Ehemann spielt. Die Prostituierten kennen die Armseligkeit und das Unvermögen, treu und zuverlässig zu sein, lieben zu können, darum werden sie mit Verachtung gestraft. Sie müssen verachtet werden, damit sie ganz klein sind und ihr Werturteil über die

Kunden nicht mehr zählt. Wie käme sonst diese einseitige Abwertung zustande?
In dem Zusammenhang denke ich oft an das Märchen von König Blaubart. Er gilt als mächtiger König, reich und angesehen, erfolgreich. Er heiratet junge Frauen, er möchte gerne, daß sie das Bild, das die Umwelt von ihm hat, bestätigen, und daß sie ihm blind vertrauen. Sie dürfen das ganze Schloß besichtigen und überall hingehen, nur in ein Zimmer dürfen sie nicht, einen Bereich dürfen sie nicht kennen. Es ist das Zimmer, wo die umgebrachten Frauen aufbewahrt sind. Wenn sie diese Missetat ihres Ehemannes kennen, dann werden auch sie umgebracht.
Wenn die Frauen die Schwäche der Männer kennen, sind sie nur noch verachtenswert. So geht es den Prostituierten.
Für Werthaltungen in der Gesellschaft ist die Religion zuständig. Wie nun werden die Prostituierten im christlich-jüdischen Raum gesehen? Es gibt im Alten Testament einige wenige Stellen, in der von Prostitution die Rede ist. Zum Beispiel Gen. 38,21: Der Stammvater Juda hatte drei Söhne, zwei waren davon schon gestorben, weil sie ein Leben führten, das dem Herrn mißfiel. Juda aber verdächtigt seine Schwiegertochter, die kinderlos geblieben war, daß sie am Tod der beiden Söhne schuld sei und verheiratet sie nicht, wie es Sitte war, mit seinem jüngsten Sohn. Sie wird also ausgestoßen, als unfruchtbare Frau muß sie bis zum Rest ihrer Tage ein gebrandmarktes, nicht angesehenes Leben führen. So sinnt sie nach, wie sie ihr Leben in die Hand nehmen und sich das verschaffen könne, wozu sie ein Recht habe, nämlich auf Kinder. Nun weiß sie offenbar, daß ihr Schwiegervater, wenn er zur Schafschur mit seinen Herden zieht, auch bei der Dirne vor der Stadt einkehrt. Sie setzt sich also als Dirne vor die Stadt und der Schwiegervater kommt zu ihr. Sie ist klug und verlangt ein Pfand, das sie zurückgeben will, wenn er das ihr zustehende Ziegenböcklein bringt. Er erkennt sie nicht, geht zu ihr, gibt ihr die

verlangten Pfänder und zieht heim. Dann schickt er einen Freund mit dem Ziegenböcklein, um seine Pfänder wieder einzulösen. Er schickt den Freund, denn ganz so wohl scheint es ihm nicht gewesen zu sein und er will wohl nicht, daß sein Diener die Geschichte erfährt. Der Freund aber findet die Dirne, in Wirklichkeit die Schwiegertochter, nicht mehr und kommt unverrichteter Dinge nach Hause. Juda ist in Verlegenheit und wünscht sich nur, daß die Sache nicht offenkundig wird und die Leute über ihn lachen. Es ist ein wenig Spott, den er zu befürchten hat, mehr nicht. Ganz anders sieht die Sache für die Frau aus. Sie ist tatsächlich schwanger geworden. Das melden nun die Leute dem ehrbaren Juda, der sofort befiehlt, sie umzubringen, weil sie unerlaubten Kontakt hatte. Erst als sie ihm nachweisen kann, daß er der Vater des Kindes ist, und daß sie die Frau war, zu der *er* gekommen ist, wird das Todesurteil aufgehoben.

Ähnlich unterschiedlich wird auch die Frau im Falle eines Ehebruchs beurteilt. Die verheiratete Frau wird zur Ehebrecherin, wenn sie sich mit einem fremden Mann einläßt. Dem Ehemann werden außereheliche Verhältnisse zugestanden, er darf nur nicht in die Ehe eines anderen Mannes einbrechen. Diese und andere Bestimmungen zeigen eindeutig die unterschiedliche Bewertung von Mann und Frau in der Gemeinschaft. Die Frau gehört zum Besitz des Mannes. So wird sie auch in den zehn Geboten, neben dem übrigen »Habe« des Mannes, aufgezählt, die man nicht begehren soll. »Du sollst nicht begehren Deines nächsten Weib. Du sollst nicht begehren Deines nächsten Hab und Gut.«

Trotzdem wird sie, die Frau, für das Begehren des Mannes verantwortlich gemacht. So war (in Israel) die Hure Sinnbild der Untreue des Auserwählten Volkes, Gott gegenüber.

Sicher spielt auch in die zunehmende Konzentrierung auf den Glauben an den einen Gott eine immer schroffere Ablehnung kultischer und religiöser Bräuche der Israel umgebenden Völ-

ker mit. In diesen Völkern wurden offenbar Mutter-Göttinnen gefeiert und es gab ein religiöses Brauchtum »Heiliger Hochzeiten« und »kultischer Prostitution«. In zunehmender Abgrenzung zu diesen »heidnischen« Praktiken wird die Priesterin zur Dirne und damit verachtungswürdig.
In dieser jüdischen Tradition steht auch das Neue Testament, obwohl Jesus ganz anders mit den Frauen, die in den Evangelien Sünderinnen genannt werden, umgeht. Er weiß, daß zu dieser »Sünde« zwei gehören, und als ihm die Frau herangeschleppt wird, die beim Ehebruch ertappt wird, verurteilt er sie nicht, sondern bringt die Ältesten und Ehrwürdigen in Verlegenheit, als er nach ihrem Anteil in dieser Sache fragt (vgl. Joh. 8.1-11).
Ich stelle mir einmal vor, eine Frau, die schon in ihrer Kindheit von ihren Brüdern, oder dem eigenen Vater mißbraucht wurde, liest den Text von der Sünderin im Neuen Testament. Sie würde diese Geschichte ganz anders erzählen. ... Und schließlich kann sie sich ja auch so abgespielt haben. Wird sie aber von einem Mann aufgezeichnet, bekommt sie einen anderen Akzent. Wie es auch immer sein mag, Jesus hat sich dieser Frau gegenüber jedenfalls respektvoll verhalten, hat sie nicht verurteilt und hat ihr dadurch neue Lebensperspektiven eröffnet.
Heute fragen weltweit immer mehr Frauen, wo sie im Heilsgeschehen Gottes mit den Menschen vorkommen. Das zeigt sich zum Beispiel in neuerer Literatur von Theologinnen. Aber auch ganz einfache Frauen stellen sich diese Frage und akzeptieren nicht mehr, daß sie mitgemeint sind, wenn von »Brüdern« und »Söhnen« gesprochen wird. Ich denke ganz konkret an ein Seminar zum Thema »Frauen in der Bibel« in Kenya, an dem Frauen aus den verschiedensten Schichten teilnehmen.
Sie fragten:
Warum werden wir Frauen so wenig in der Bibel genannt, berücksichtigt, ernst genommen? »Warum sind Sie hier; wel-

ches war Ihre Motivation, an dieser Tagung teilzunehmen?« So lauteten die Fragen von uns, den Veranstaltern. »Ich bin gekommen, um zu hören, warum bei den zwölf Aposteln keine Frauen waren?« »Ich will wissen, warum bei den 5000, die Jesus speiste, die Frauen nicht mitgezählt wurden?« Das waren die einfachen und direkten Fragen der Teilnehmerinnen. Die Fragen erstaunten mich – Fragen von Frauen einer patriarchalischen Gesellschaft, wie sie ausgeprägter kaum sein kann. »Es ist wohl so, weil wir die Sünderinnen sind, darum kommen wir später nicht mehr vor. Wir haben ja zuerst gesündigt und den Mann verführt«. So gaben sich andere selbst die Antwort.
Glauben die Frauen dies wirklich, akzeptieren sie es deshalb, auch heute noch, als zweitrangig eingestuft zu werden? Diese Frauen, die kaum wissen, was Exegese ist, haben die Auslegung der Bibel, die immer nur von Männern gemacht wurde, voll verinnerlicht. Als wir gemeinsam die Bibeltexte durchlasen, konnten wir keine Herabsetzung der Frau finden. Gott hatte den Menschen als Mann und Frau nach seinem, dem göttlichen Bild, geschaffen. Es war die Interpretation der biblischen Schreiber, die von ihrer sozio-kulturellen Erfahrung her die Botschaft der Bibel aufschrieben und eigene Interpretationen schufen. Nach der wörtlichen Auslegung des Sündenfalls hat die Frau als erste gesündigt. Ez. 28 erzählt ebenfalls über einen Sündenfall ohne Verführung durch die Frau. Trotzdem hatte und hat die Erzählung in Gen. 3 für uns Frauen bis zum heutigen Tag fatale Folgen. Daß die Frauen an allem Elend schuld sind, darin scheinen sich in vielen Teilen der Welt Männer und Frauen einig zu sein.
Eine Zeitungsnachricht (Kenya Times 14.7.86) berichtet, daß zwei junge Mädchen von zwei verbitterten Frauen entführt und an den Sexorganen verstümmelt wurden. Die Mädchen wurden schwer blutend ins Krankenhaus gebracht. Angeblich hatten die Mädchen ein Verhältnis mit den Ehemännern der

Frauen. Die Ehemänner, so hieß es in der Zeitung, waren angesehene Männer in leitenden Stellungen. Die Frauen hatten die jungen Mädchen in der Nähe der Primarschule in ihr Auto gelockt, entführt und verstümmelt.
Ist es nicht erstaunlich, daß die Frauen der prominenten Männer die Mädchen zur Rechenschaft zogen, aber nicht die Männer?
Während unserer Tagung erzählte mir eine Frau im privaten Gespräch, daß ihr Freund, mit dem sie zusammen wohnte, sie und einige Zeit später ihre um zehn Jahre jüngere Schwester geschwängert habe. Seit dieser Zeit leben die Schwestern in Feindschaft und gegenseitiger Verachtung.
Weil Tagungszeit und Zeitungsnachricht zusammenfielen und das Zentralproblem der Tagung ansprachen, hatten wir die Zeitungsnotiz in der Gruppe gelesen. Anschließend spielten die Frauen die Begebenheit der Ehebrecherin (Joh. 8,2) nach. Die Frau wird beim Ehebruch ertappt, nur *sie* wird Jesus vorgeführt, sie soll nach dem Gesetz Mose gesteinigt werden. In der Gruppe entzündete sich ein lebhaftes Gespräch an der Frage: »Was mögen wohl die Mädchen, was die Ehebrecherin empfunden haben? Sind eigentlich die Frauen allein an diesen Verfehlungen schuld? Ist ein junges Mädchen schuldig und der erwachsene Mann in verantwortlicher Position nicht? Können Männer, die so leicht verführbar sind, verantwortliche Positionen wahrnehmen? Hat Eva allein gefehlt, ist Adam weniger verantwortlich? Kann er dann die Krone der Schöpfung sein, wenn er andererseits schutzlos und schwach ist?«
Sicher haben patriarchale Gesellschaften Herrschaftsstrukturen geschaffen, die die Frau abwertet, unterdrücken und ausbeuten. Es sind Strukturen der Sünde. Es ist nun aber unsere Aufgabe als Christen, das Sündhafte zu überwinden.
Ein anderes Moment wurde uns bei dieser Tagung in Nakuru/Kenya noch sehr deutlich: die unterschiedliche Erziehung und damit Bewertung von Sohn und Tochter. In vielen Stäm-

men wird die Geburt eines Jungen mit mehr Aufwand und Freude gefeiert, als die eines Mädchens. Wenn Land zu vererben ist, bekommt es der Sohn und nicht die Tochter. Sie wird dazu erzogen, die elterliche Wohnstatt zu verlassen und zur Familie des Mannes zu gehören. Wenn sie nicht rechtzeitig das elterliche Heim verläßt, bekommt sie Schimpfnamen, wie Unglücksbringerin usw. Wenn in der Familie ein männliches Mitglied stirbt, wird doppelt so lange getrauert wie bei einem weiblichen. Das alles sind Momente, die der Frau zeigen, daß sie weniger wert ist als die männlichen Mitglieder der Gesellschaft. Sie erfährt ihre Wertschätzung durch den Mann. Wenn er sie für wert empfindet, ihr Aufmerksamkeit zu schenken, sie schön zu finden, dann ist das eine Bestätigung für sie. Wir alle haben ja die Tendenz, uns mit höher Gestellten lieber zu identifizieren als mit denen, die in der Gesellschaft abgewertet werden. Eine kenyanische Mutter sagte plötzlich mit großem Erschrecken: »Was machen wir eigentlich mit unseren Töchtern? Geben wir ihnen ein Heim, wenn wir sie dahin erziehen, das Heim so schnell wie möglich zu verlassen?« Eine andere meinte: »Ich kann meiner Tochter, so oft ich will, sagen, daß sie schön und klug ist. Sie nimmt es mir nicht ab, aber wenn der letzte Junge oder Mann ihr das sagt, dann kann er von ihr haben, was er will!« Das erinnert mich wieder, während meines Besuches auf dem Fischmarkt, an eine kleine Anekdote am Rande. Zwei Frauen erklärten: »Wenn uns viele Männer wollen und nach uns fragen, d.h. wenn wir viele Kunden haben, dann sind wir doch was wert.« Ich fand das ganz entsetzlich und wollte ihnen klar machen, daß sie auch was wert sind, wenn es keine Nachfrage von Männern nach ihnen gibt. Ich wollte das an meinem Beispiel aufzeigen und sagte: »Ich bin eine Ordensfrau und habe keinen Mann; aber ich bin doch etwas wert.« Da meinte eine ganz mitleidig und ungläubig: »Einer wird Dich doch auch mögen.« Mein Argument war in die Binsen gegangen.

Es ist eine Überlegung wert, ob nicht auch diese unterschiedliche Einstufung von Mann und Frau ein Element ist, das Frauen leichter in der Prostitution landen läßt, als Männer in ähnlich schwierigen wirtschaftlichen Ausgangssituationen.
Andererseits haben Frauen – gerade in Afrika habe ich das erlebt – ein viel größeres Verantwortungsbewußtsein der Familie gegenüber als Männer. Es ist keine Seltenheit, daß Frauen in der Prostitution landen, um Geld für Kinder, Eltern und Geschwister zu verdienen, während Männer oft der Frau noch den letzten Pfennig nehmen für ihr eigenes Vergnügen, auch wenn Frau und Kinder Hunger und Not erleiden.
Am Ende dieses Aufsatzes sehe ich, daß ich mehr Fragen als Antworten aufgeworfen habe. Ist es die einseitige Erziehung und Wertschätzung, die wirtschaftliche Not und die Verantwortung für die Familie, Erfahrung von frühkindlichem sexuellen Mißbrauch, mangelndes Selbstbewußtsein, schulisches Versagen, eine Kette von unglücklichen Zusammenhängen, die Frauen in die Prostitution treiben? Wenn ihnen eine helfende Hand geboten werden kann, dann geht das nur, wenn die Gründe gesucht und neue Lebenschance angeboten werden.
In Kenya habe ich vor vier Jahren eine Initiative gestartet und ein Zentrum eröffnet, das den Frauen neue Ausbildungschancen und Erwerbsmöglichkeiten anbietet. Schon kurz nach der Eröffnung kamen 40 bis 50 Frauen, die um Aufnahme baten. Den Frauen, die durch das Zentrum Arbeit und Ausbildung erhalten, fällt der Ausstieg nicht schwer. Auch hier in Deutschland habe ich eine Kontaktstelle gegründet, die Ausländerinnen, die illegal im Land sind und daher noch viel ausbeutbarer helfen will, bis ihnen »von außen« eine echte Alternative geboten werden kann.

Markttag

Markttag
Eintritt frei
Für Jeder-Mann
Zu beschauen, zu begaffen
Was die Stände zu bieten haben
Im Licht der Laternen
Schimmert Ebenholz
Preist eine Stimme
Braune Seide an
Wartet außerhalb des Lichtkegels
Altes zerrissenes Leder
Für den Liebhaber zum halben Preis
Umspielt Flachs, Roßhaar
Hölzerne Gesichter mit toten Augen
Markttag
Appetitlich angerichtetes Fleisch
Verführerisch duftend
Im Übermaß süßlicher Gewürze
Läßt Wasser in Mündern zusammenfließen
Verlockt zum Verzehr
Markttag
Handelsware, kostbare Rohstoffe
Gehen über in neue Besitzer
Je nach Wert und Börse
Leihweise
Ebenholz zersplittert
Seide zerreißt
Dem Leder ist nichts mehr zuzufügen

Zeigt das Fleisch sein Madengesicht
Markttag
Im Ausklang der Nacht
Verstummen die Stimmen
Schließen die Stände
Gehen die Huren müde nach Hause

Keiner liebt mich

Sein Gesicht ist nicht mehr da. Geblieben ist mir das meinige – das Scherbengesicht – in das ich endlich hineingreifen muß, um zu wissen – wer bin ich? Ich weiß nicht, wo ich mit der Suche beginnen soll – ich bin so weit von mir entfernt.

Meine Geschichte ist keine außergewöhnliche. Ich teile sie mit so vielen anderen Frauen. Uns unterscheidet vielleicht, daß ich zu den wenigen gehöre, die die Regel zur Ausnahme machen konnte, indem sie sich an den eigenen Haaren packend aus dem Sumpf herausziehen konnte. Aber wie bin ich überhaupt hineingeraten? Warum prostituiert sich eine Frau? Warum habe ich es getan? Aus wirtschaftlicher Not? Dann wäre ich keine Prostituierte gewesen, sondern hätte den Gesetzen der Notwendigkeit gehorcht. Nymphomanie? Nein. Außerdem glaube ich, daß diese Krankheit in erster Linie in den Gehirnen der Männer lebt. Eine Frau, die sich die Freiheit herausnimmt, ihre Männer oft zu wechseln, immer Neues erleben möchte, kann und darf nicht normal sein, weil sie den Gockelwahn in Frage stellt. Aus Liebe? Ja, das ist die Antwort, die so leicht über die Lippen kommt. An deren Wahrheitsgehalt keiner zweifelt. Ich habe da auch keine Ausnahme gemacht. Doch zurückblickend kann ich sagen, daß es eine barmherzige, oberflächliche Lüge vor sich selbst ist. Die wirklichen Gründe liegen tief auf dem Boden der Psyche verschüttet. Ein unbewußtes Etwas zwang mich damals leiden zu wollen. Mich selbst zu bestrafen. Wünschte sich selbst durch Schmutz und Dreck zu ziehen. Es verlor sich in Exzesse, denn es existierte kein Verlangen in mir, mich nach einer Weile angewidert abzuwenden.

Das anfangs harmlose Gläschen Sekt, um mir und dem Freier die Hemmschwelle des Nichtvertrautsein zu nehmen, löste sich auf im Alleingang des Alkoholismus. Um zu vergessen, nicht mehr zu fühlen, daß die fremden tastenden Finger und Hände meinen Körper brennend und hautlos machten? Oder um zu versuchen der Wahrheit, der mahnenden inneren Stimme auszuweichen, die mir beständig einflüsterte, daß mein Geliebter, sprich Zuhälter, meinen Liebeslohn doch nicht für das kleine Café, die Kneipe an der Ecke zurücklegt, sondern für sich verbraucht, daß der Weg in die Gosse vorgezeichnet ist? Das Wissen um das Zerrinnen der Jugend vor ihrer Zeit und die verachtete Bürgerin am Ende lacht? Was ich mit dem Trinken erreichen wollte, traf nicht ein. Nichts spülte sich hinunter, sondern explodierte in einer Triade von Tränen, Hysterie und Selbstmitleid. Hinzu kam, daß sich mein sexuelles Verhalten, sprich das Normale, Bahn brach in den Bereich der Perversionen – des Sadomasochismus – um dem Eigenhaß Herr zu werden.

Wann entstand in mir das Feindbild Mann? In der frühen Kindheit oder in der Jungmädchenzeit? Auf jeden Fall ist es immer noch da. In eines Mannes Armen zu liegen würde mir gefallen. Ihn zu küssen, von ihm gestreichelt zu werden. Der Gedanke an das Geschehen ab Gürtellinie abwärts bringt mich in Wut und Panik. Erzeugt Angst und Übelkeit. Wohl weil ich nicht mehr über die Mauer der Sinnlichkeit springen kann, weil ich zu viel, zu häufig benutzt worden bin.

Es wird mir wohl nichts anderes übrig bleiben, als in die Tage der Kindheit zurückzukehren. Das Verblaßte einzufangen, heraufzuholen und mich so Schritt für Schritt in mein Heute zu begleiten. Ich will versuchen sachlich zu bleiben. Will mich und mein Gewerbe nicht so beschreiben, daß am Ende jeder sagt: Sie kann einem leid tun, mit dem was sie erlebt, und was man ihr angetan hat. Denn: ich selbst habe es mir angetan.

Das Kind, das ich bin, ist müde. Es hält seinen Stoffhund im Arm und möchte schlafen. Aber es kann nicht. Streitende Stimmen halten es wach und in Angst. Wie den Bruder, der ein Bett weiter liegt. Wortfetzen einer weiblichen Stimme bohren sich in meine Ohren: »Laß mich endlich gehen. Ich muß zum Nachtdienst.« Im Zimmer nebenan fällt etwas dumpf auf den Boden. Ein Stuhl, ein Sessel? Augenblicke später fliegt die Tür zum elterlichen Schlafzimmer auf, in dem der Bruder und ich auch schlafen. Die Mutter stürzt in das dunkle Zimmer. Der Vater kommt hinterher und schaltet das Licht ein. Er reißt die Mutter am Arm herum und schlägt ihr mitten ins Gesicht. Wir Kinder haben uns mittlerweile aufgerichtet, beobachten, weinen. Sehen wie Mutter auf das Bett fällt und Vater wie blind auf sie einschlägt. Endlich hört er auf. Verläßt das Zimmer. Die Mutter weint noch ein wenig in sich hinein und geht dann auch. Ich klettere aus meinem Bett und gehe hinterher. Schaue zu, wie sie ihren alten Mantel anzieht, um ihre Nachtwache als Krankenschwester antreten zu können. Vater wütet verbal weiter. Er redet etwas, das ich nicht verstehe: die Scheidung. Inzwischen ist die Mutter auf dem Hausflur. Die Türen zu den Nachbarwohnungen stehen offen. Mitfühlende Menschen ergreifen Partei für sie. Mich friert in meinem dünnen Hemdchen. Meinen Stoffhund halte ich ganz fest in der Hand. Die Hausfliesen schneiden kalt in meine nackten Füße. Wieder erhebt der Vater die Hand. Sie hängt drohend in der Luft, während er sagt: »Hau bloß ab. Am besten, du kommst überhaupt nicht mehr wieder.« Die Hand will fallen. In dem Moment klammere ich mich an seine Hosenbeine. Die Tränen strömen und ich schreie mit meiner ganzen kindlichen Verzweiflung: »Mein Papi, mein Papi. Ich hasse dich.«
Er wird abrupt still. Seine Hand fällt wie abgehackt an seine Seite. Dann wendet er sich mir zu. Ein Gesicht, in dem zärtliche Augen stehen, schaut mich an. Zwei Arme heben mich

hoch und tragen mich hinein. Legen mich in mein Bett und decken mich zu. Vater bleibt noch eine Weile bei mir, um mich zu beruhigen. Erzählt mir etwas. Irgendwann schlafe ich ein.

Was mit meinem Bruder in dem Moment war, erinnere ich nicht mehr, aber daß ich knapp vier Jahre alt war. Mein Vater schlug meine Mutter nur dieses einzige Mal. An jenem Abend hatte er endlich begriffen, daß es ihr Ernst war, sich von ihm scheiden zu lassen. Diese starke, beherrschte Frau, die aus Berufung Krankenschwester geworden, uns Kindern gegenüber eine ruhige, verständnisvolle Mutter war, konnte ihre Kraft wohl auf Dauer nicht an drei Stellen zugleich einsetzen. Sie mußte Abstriche machen, und es traf eben Vater: schwach, jähzornig, oft arbeitslos.

Er kümmerte sich dann zwar sehr selbstverständlich um den Haushalt, vertrank aber ebenso selbstverständlich das Kohlengeld, das viele Firmen in den Nachkriegsjahren an ihre Mitarbeiter auszahlten. Immer war er für andere da, weil er nicht nein sagen konnte, und jedermanns Freund sein wollte. Er lernte nie begreifen, daß dies natürlich ist. Jedermanns Freund zu sein, ist nicht möglich und muß auch gar nicht sein. Er fing vieles an und ließ ebensoviel liegen. Doch er war mir, abgesehen davon, mich in seine stinkenden, biergeschwängerten Kneipen mitzuschleppen, ein liebevoller, phantasiebegabter Vater. Er nähte meinem Teddy ein weißes Kleidchen mit Perlmutterknöpfen, erzählte die schönsten selbstausgedachten Märchen und lehrte mich in den Wolken zu lesen. Mit ihm durch die Nacht zu spazieren war Abenteuer, da passierten geheimnisvolle Dinge. Außerdem war er ein begabter Zeichner. Er hatte so viele natürliche Begabungen, verstand sie aber nicht auszuschöpfen und wir konnten davon nicht leben. Mein Vater, das ist die Geschichte vieler Väter oder Menschen, die nie die Chance hatten, sich selbst zu finden.

Etwa zwei Jahre später verließ er endgültig unsere Wohnung.

Mutter ging sechs Tage in der Woche für jeweils elf Stunden in den Nachtdienst. Die Nachbarn schauten ab und zu nach uns. Mittags stand sie auf, kochte, wusch, überwachte die Schularbeiten. Sie muß oft sehr müde gewesen sein, aber sie beklagte sich nie. Wir lebten in Frieden. Daß mein Vater für uns Kinder kaum Unterhalt bezahlte und oft überhaupt nicht, erfuhren wir erst Jahre später.

Ich sitze in einem verdunkelten Zimmer und rutsche unruhig auf dem Stuhl hin und her. Der große alte Mann vor mir ist mir unangenehm, noch mehr, weil er mit irgend etwas in meine Augen schaut, und ich etwas auf einer beleuchteten Tafel beschreiben soll, das ich gar nicht sehe. Er nickt bedächtig, murmelt vor sich hin und sagt dann zu meiner Mutter:
»Das Kind braucht eine Brille.«
Eine Brille! Ich soll eine Brille bekommen. Ich will aber keine. Brillen sind häßlich.
»Mama«, sage ich, »ich will keine.«
»Du bist nicht gefragt«, schnauzt mich der massige Mann an. Ich frage trotzdem, wenn auch zaghaft:
»Lange?«
»Dein ganzes Leben.«
Mein Kinderherz bricht zusammen. Ich fange an zu heulen. Mutter zieht mich sanft aus dem dunklen Zimmer. Auf die Straße. Es gelingt ihr nicht, mich zu beruhigen. Nicht einmal mit einem Eis, das ich trotzdem esse.
»Elisabeth«, sagt meine Mutter, »so schlimm ist das gar nicht. Andere Kinder tragen auch eine Brille.«
»Ja, aber die haben dann wenigstens keine roten Haare und Sommersprossen.«
»Das ist doch hübsch.«
»Warum sagen die Kinder dann immer Karottenkopf und Feuermelder zu mir? Und daß ich aussehe, als hätte mich der Teufel durch das Sieb geschissen?«

Sie zuckt hilflos mit den Schultern und ich heule weiter. Als ich das verhaßte kneifende Ding auf meiner Nase habe, gehe ich zwei Wochen nicht auf die Straße. Dann traue ich mich allmählich mit meinem Bruder hinaus und komme wenige Wochen später mit fast sechs Jahren in die Hamburger Volksschule.
Was ich befürchtet hatte, traf ein. Jetzt hörte ich zu den vertrauten Hänseleien auch noch das Wort Brillenschlange. Doch ich wehrte mich. Schlug ich mich vorher schon viel, prügelte ich jetzt noch mehr. Es war mir egal, ob es sich um Kinder in meinem Alter handelte oder um wesentlich ältere. Ich hatte das Glück im Unglück, daß ich jähzornig war und blind in der Wut. Kratzen, beißen, treten, spucken – alles nahm ich zur Hilfe. Meistens siegte ich, aber es heilte meine verletzte Kinderseele nicht.

Ich ging nicht gern in die Schule. Sie war grau und so groß. Immer fühlte ich mich verloren. Es traf mich tief, mitanzusehen, daß alle Lehrer ihre Lieblinge hatten, und ich nie dazugehörte. Als Schülerin war ich mittelmäßig. Teilweise lag es an meiner Faulheit, teilweise an meiner Lese- und Rechtschreibschwäche. Jedes Diktat war in den ersten Jahren eine glatte sechs. Die einfachsten Worte konnte ich nicht schreiben, obwohl meine Mutter Tag für Tag mit mir übte. Selbst in den Ferien. Ich haßte meine Mutter für diese mir angetane Grausamkeit und versuchte Fürsprache über meine Tante zu erhalten.
»Laß Elisabeth doch wenigstens in den Ferien mit dem Lernen in Ruhe. Das arme Kind ist ja schon ganz verstört.«
»Aus dem armen Kind, wird ein erwachsener Mensch und dann heißt es nicht mehr das arme Kind, sondern die dumme Gans«, erwiderte meine Mutter, »es wird weitergelernt.«
Einmal wenigstens wollte ich ein gutes Diktat schreiben und nachdem uns unsere Lehrerin in den ersten Jahren immer

gesagt hatte, welche Aufgabe auf uns zukommen würde, setzte ich mich eines Tages hin, schrieb das ganze Diktat vor und baute Fehler ein. Am nächsten Tag tat ich so, als würde ich mitschreiben, war innerlich heiß, zitternd und bin nicht erwischt worden. Mit knapp acht Jahren hatte ich endlich meine erste drei für eine Rechtschreibarbeit erhalten.

Doch plötzlich änderte sich diese Schwäche. Mein Bruder las mir abends immer vor. Freiwillig oder nach einer Tracht Prügel von mir. Ich weiß es noch wie heute. Es war ein Karl May Buch, das mich begeisterte. Von den edlen Menschen, die darin vorkamen, wollte ich mir nicht mehr vorlesen lassen, ich wollte sie selbst erobern.

Ich stand häufig wegen irgendwelcher Frechheiten zur Strafe vor dem Klassenzimmer und schwänzte ab und zu die Schule, als ich größer wurde. Wir durften die Entschuldigungen selbst schreiben, um sie dann von den Eltern unterschreiben zu lassen. Da ich wußte, daß meine Mutter keine Schludereien gegenüber der Schule duldete, fälschte ich ihre Unterschrift. Was für ein Kind war ich noch? Eines, das gerne mit der besten Freundin auf den Friedhof ging, der uns wie magisch anzog, um dort verwaiste Gräber zu pflegen. Eines, das sehr früh nach Gott und dem Tod fragte und nicht verstehen konnte, warum die meisten der wenigen Freundinnen nicht darüber reden wollten, und warum die Erwachsenen auch nicht viel besser reagierten.

Zu Hause gab es kein Fernsehgerät und so lernte ich früh mich mit mir selbst zu beschäftigen. Ich spielte viel mit meinen Puppen, meinen Stofftieren, die ich heute noch besitze. Meine Mutter ließ mir viele Freiheiten. Ich mußte selten aufessen. Sie zwang mich nie Verwandten oder Bekannten die Hand zu geben, wenn ich sie nicht mochte – und davon gab es viele. Aber in dem Dorf, aus dem meine Mutter stammte, gab es einen alten Mann. Ich ging gern zu ihm. Immer saß er in der Küche neben dem Kohlenherd in einem abgewetzten Lederohrensessel. Es war schön, auf seinem Schoß zu sitzen. Ganz still zu sein, sich an ihn zu lehnen und dem Herdfeuer zu lauschen. War ich sieben oder acht Jahre alt, als er eines Tages meinen Kopf zu sich hochschob und seine alten feuchten Lippen auf meinen Kindermund preßte? Ich sträubte mich gegen ihn – preßte die Lippen zusammen – fühlte, wie sein Speichel über mein Kinn lief. Ich wand mich aus seiner Umklammerung, war endlich draußen auf der Straße. Meiner Mutter habe ich nichts davon erzählt – und ich ging nie wieder zu ihm.

Nicht viel später hatte ich ein anderes Erlebnis. In unserem Viertel lebte ein Mann, vor dem mich meine Mutter aus einem unguten Gefühl heraus immer warnte. Um die dreißig war er und stets schmutzig. Wenn ich ihn sah, lief ich weg. Eines Tages brachte ich den Müll weg. Ich ging ungern zu dem Keller mit den Mülltonnen hinter unserem Wohnblock. Die schmale Treppe, der spärlich beleuchtete Keller gaben meiner Phantasie zu viel Nahrung. Der Geruch des faulenden Abfalls erzeugte Brechreiz in mir. Und dann stand er da – lachte mich an. Noch mehr, als mein Blick an ihm hinunterglitt und ich ihn ein fleischiges großes Etwas in seinen Händen halten sehe. Als ich, ohne zu wissen warum, zu schreien anfange, verschwindet er. Auch das behalte ich für mich.

In die letzten Schuljahre fällt das Wachsen des Busens. Ich empfinde es als blöd, unangenehm, trage aber trotzdem mit Stolz meinen ersten Büstenhalter. Kurze Zeit später lege ich ihn für immer ab. Er ist mir lästiger als der sprießende Busen. Die erste Mensis wird mit Kaffee und Kuchen gefeiert. Meine Mutter klärt mich noch einmal auf. Sie sagt, daß ich auf dem Weg bin eine Frau und erwachsen zu werden. Frau! Erwachsen! Was bedeutet mir das. Ich habe kein Verlangen danach – und ich bin häßlich. Alle Schulfreundinnen haben einen Freund – nur ich nicht. Weil ich häßlich bin. Kurt hat es gesagt, als ich zaghaft meine Hände, mein Herz nach ihm ausstreckte:

»Du bist mir zu mager. Du hast Sommersprossen im Gesicht.«
»Ein Gesicht ohne Sommersprossen ist wie ein Himmel ohne Sterne«, fällt mir als Antwort ein.
»Bedeckter Himmel ist mir lieber.«
Wenig später ertrotze ich meinen ersten Kuß um mitreden zu können. Er ist Franzose, Softeisverkäufer und von seinen Lippen, seiner Zunge, dem Betasten meines Busens fließt aller Ekel dieser Welt in mich hinein. Ich bin erst einmal kuriert. Nach der Volksschule besuche ich die Handelsschule und fliege ein halbes Jahr später wegen Aufsässigkeit und Faulheit – beginne meine Lehre als Speditionskauffrau. Wieder ist es ein großes unübersichtliches Gebäude. Es sind so viele Menschen auf einem Haufen, deren Namen ich nicht kenne. Deren Gesichter mir ebensowenig sagen, wie die Frachtstücke die ich an mir nicht vertraute Menschen und Firmen weiterleiten muß. Alles ist kalt, nüchtern. Alltag. Ich bin Einzelgängerin. In der Berufsschule bin ich wie gewohnt faul. Meine Lehrerin ist verzweifelt. Sie gibt mich auf und ich darf als einzige während des Unterrichts lesen. Ein halbes Jahr vor der Prüfung setze ich mich hin und lerne bis spät in die Nacht. Die Prüfung ist da – und ich bestehe.

In diesen Jahren geht ein äußerer Wandel vonstatten. Mein Körper wird fast vollkommen. Busen, Hüften sind ebenmäßig. Die Beine lang und schmal. Um meine mittlerweile langen Haare werde ich beneidet. Ich könnte zufrieden sein, wenn nur dieses verhaßte Gesicht nicht wäre: die dicken Lippen, die zu kleine Augen eingerahmt von einer käsigen Haut, die die Sonne nicht verträgt. Ich begreife nicht, warum die Männer, vor allem ältere, so sehr auf mich fliegen, fühle mich unsicher, unterlegen, minderwertig. Spüre ich, daß sie nicht an dem Menschen, sondern nur an dem Körper interessiert sind? Und da ist noch etwas – ich bin immer nur Geliebte. Nie ist einer nur für mich da, wie bei den anderen. Wenn ich damals gewußt

hätte, daß es sich nie ändern wird, was hätte ich dann wohl getan?
Mit knapp siebzehn gebe ich mich dem ersten Mann hin. Ich will es endlich wissen. Er sieht gut aus. So einer denke ich mir, muß es können. Was wäre anders geworden, wenn ich mir selbst Zeit gelassen hätte? Wie hätte der andere vielleicht reagiert? Wäre auch er in mich eingedrungen ohne Geduld und Feingefühl, um dann zu sagen:
»Ekelhaft, das ganze Blut. So ein Saukram.«
Wäre auch er aufgestanden, um sich in Windeseile zu baden, weil er noch etwas vorhatte?
Ich liege in meinem Bett. Lasse Blut und Schmerzen fließen.
»Ist das die Liebe?«
Der Satz geht fragend durch mein Gehirn. Hakt im Herzen nach. Bleibt unbeantwortet und schwer auf mir liegen.

Der Strich, das vermeintliche Glück

Der Mief des Kleinbürgertums droht mich zu ersticken. Ebenso die Aussicht, wenn ich Pech habe, fünfundvierzig Jahre im Büro zu hocken. Das soll das Leben sein? Von der Liebe bin ich enttäuscht. Mein erster Selbstmordversuch liegt hinter mir. Mit einem rostigen Taschenmesser wollte ich mir die Pulsadern aufschneiden. Doch der Schmerz war stärker als mein Liebeskummer. Trotzdem, ich suche die Männer. Will mir mit Gewalt die Liebe, die wahre, holen. Die Männer, die ich mir aussuche, sind alle schlank und schön, weil ich mich dadurch sicher fühle. Es artet zu einem Tick aus.
Ich liebe schöne Kleider, kann sie mir aber nicht leisten. So lerne ich den Neid und die Unzufriedenheit kennen. In dem Hamburger Schickeriaviertel Pöseldorf suche ich nach meinem Märchenprinz. Jenem Mann, der mich aus dem Büro herausholt und mit Reichtümern überschüttet. Das ist in meinen Augen die Insel der Glückseligkeit. Daß es für nichts, nichts gibt, erkenne ich erst fast zwanzig Jahre später. Es spricht sich schnell herum, daß ich für fast jeden zu haben bin. Das Schlafen mit den verschiedenen Männern tut mir körperlich weh. Das Berühren meines Busens ist mir unerträglich. Läßt mich Kiefer und Hände zusammenziehen. Alles ist Qual. Ich bin mein eigenes Fragezeichen. Dann lerne ich Hansi kennen. Schwarze Locken vermischen sich weich mit meiner rotblonden Mähne. Braune Haut fesselt sich an meine weiße. Zärtliche Lippen küssen Vertrauen in mich. Ein geflüsterter Satz bringt den Seelenflug:
»Elisabeth, du bist schön.«

»Ich? So wie ich aussehe mit meiner käsigen Haut?«
»Eben deshalb. Du bist so vollkommen ausgezogen. Vollkommener ist es gar nicht mehr möglich. Ich mag keine braune Frauenhaut.«
Waren diese Sätze der Ausschlag, mich vollständig in ihn zu verlieren? Wir sahen uns des öfteren, aber noch öfter hielt er seine Verabredungen mit mir nicht ein. Ich kannte dergleichen schon, aber ihm verzieh ich immer wieder.
Er war Zuhälter und durch ihn rutschte ich in die Szene. Er und seine Freunde waren der sanfte Kern des Milieus. Endlich konnte ich mit Sportwagen fahren. Beim Ausgehen mit ihnen spielte Geld keine Rolle. Ich sah ihre Wohnungen, die Kleiderschränke ihrer Frauen und wollte mitmischen. Bot mich Hansi direkt an, aber er lehnte ab. Die anderen wollte ich nicht. Ich hatte ein seltsames Verhältnis mit der Clique. Mit jedem von ihnen schlief ich, aber wenn Gruppensex auf dem Programm stand, saß ich brav im Wohnzimmer und las. Bei den Drogenparties war ich fast immer dabei, machte aber nicht mit. Dafür trank ich ziemlich viel. Ich vertrug es nicht und erbrach mich häufig. Meine Mutter oder mein Bruder haben oft genug meinen Dreck weggewischt.
Vier Jahre hielt ich es aus, daß Hansi mir ein zärtlicher Liebhaber war, aber nicht mehr von mir wollte. Ich verließ Hamburg, ging nach Berlin, um zu vergessen. Durch die Arbeit in einer Zeitfirma hielt ich mich über Wasser. Die Nächte wurden mir zum Tag. Ein umnebelter Kopf im Büro – das wurde mir sehr vertraut.
Ich lernte einen Kneipenbesitzer kennen und tanzte mit Mieder und Strapsen in seinem Lokal. Die Männer grölten. Über die wenigen Frauen machte ich mir keine Gedanken. Günther war der Vater eines reizenden Sohnes: Martin. Mit ihm begann ich auch ein Verhältnis. Der Sohn mit seinen achtzehn Jahren war besser als der Vater. Wir lagen gerne zusammen im Bett und dachten darüber nach, wie der Vater wohl reagieren würde,

wenn er es wüßte. Zwischen seinem Traum, ein großer Zuhälter zu werden, gefälschte Ausweise zu besorgen, überschüttete er mich mit Rosen. Hielt meine Hand, wenn ich mich auf dem Kurfürstendamm wieder einmal nach zuviel Alkohol übergab und erklärte den Vorübergehenden:
»Meine Frau ist schwanger.«
Ein guter Junge. Was sagte er noch:
»Dich würde ich nie auf den Strich schicken, weil ich dich liebe.«
Also gab es doch einen, der mich liebte. Warum habe ich mir diesen Satz nicht gemerkt?
Martin wollte, daß ich bei ihm bleibe. Ich blieb aber nicht. Er war mir zu jung. Nicht das, was ich wollte. Ich hing immer noch an Hansi.
Nach Hamburg zurückgekehrt, suchte ich die alten Schauplätze auf. In einem Jahr hatte sich nicht viel verändert. Sie waren noch alle da und begrüßten mich mit Freude. Ihr Betthäschen war wieder da. Das Leben bestimmte mir, daß ich meiner Sehnsucht wiederbegegne. Mein Traum von einer Gemeinsamkeit mit ihm, sollte sich erfüllen. Er mündete in einen Alptraum.

Es ist still. Endlich hat mich die Stille eingehüllt. Das Häuschen, das Hansi und ich bezogen haben, liegt am Stadtrand von München. Vor dem Haus liegen Felder, dahinter fließt die Würm, es gibt wenig Nachbarhäuser. Vorbei ist das Schlafen am Tag in der lautgelegenen Pension am Münchner Viktualienmarkt. Noch glücklicher bin ich, daß die Nachtschicht im Bordell ein Ende gefunden hat. Außerdem bin ich jetzt keine einfache Nutte mehr, sondern etwas besseres: ein Callgirl. Bin ich wirklich etwas besseres, obwohl der Tatbestand der Prostitution der gleiche ist? Damals zumindest dachte ich so. Durch die offenen Vorhänge sehe ich den Schnee fallen. In das leise wirbelnde Flockenspiel webe ich meine jüngste Vergangenheit:
»Bist du schon auf den Wackel gegangen?«

Die leichtbekleidete Frau in meinem Puffzimmer mustert mich von oben bis unten. Ich trage ein fast durchsichtiges Nachthemd, hochhackige Schuhe und bin geschminkt wie ein Zirkusclown, weil ich glaube, daß Huren so aussehen müssen – allerdings sieht sie auch nicht besser aus.
»Nein.«
»Hat dir dein Alter gesagt, was los ist?«
»Nein.«
Sie seufzt, denkt laut: diese Männer.
»Also, das erste wäre, daß alle Freier Wichser sind.«
»Warum?«
»Das ist so. Die müssen doch blöd sein, wenn sie für Liebemachen Geld hinlegen.«
»Aber wir leben doch davon.«
»Mann, bist du naiv.«
Während meiner Jahre auf dem Strich habe ich Kolleginnen weitgehend gemieden, aber diese Einstellung ist mir immer wieder begegnet. Doch die Männer, die mir privat oder in Firmen, in denen ich arbeitete begegneten, redeten, wenn das Thema zur Sprache kam, auch nicht besser. Warum ist das so? Ist es wirklich notwendig, daß man sich gegenseitig schlechtmacht, obwohl das Sich-Brauchen nachweisbar vorhanden ist? Ich glaube, daß der käuflichen Liebe ein zu niedriger Stellenwert eingeräumt wird, weil der Körper zu hoch eingeschätzt wird. Wieviel Aufhebens um einen Haufen Knochen, Fleisch und Haut.
Weil diese Art von Liebe nicht echt ist, und somit die Vereinigung ein Bild des Schmutzes erzeugt? Ist sie denn hinter den Fenstern der Bürger rein? Wieviel mag sich dort abspielen? Wieviel wird sich dort vergeben? Läßt die Frau den Mann über sich ergehen, weil sie zu bequem und feige ist, ihr Leben selbst zu gestalten? Für das sorgenfreie Leben schließt manche Frau die Augen und öffnet bereitwillig die Beine. Doch sie ist geschützt, weil sie auf der »richtigen« Seite lebt.

»Küssen ist nicht drin. Merke dir das. Sonst gibt es Ärger.«
Ich überhöre diese Worte und denke mir im Stillen, daß ich danach auch gar kein Verlangen habe.
»Wenn ein Freier kommt, sagst du am besten »Hallo Süßer« zu ihm.«
Mein Gott, wohin bin ich geraten! Aber sie gibt sich wirklich Mühe.
»Mit dem Geld fängst du ganz unten an. Wenn er mehr will, mußt du kobern.«
»Kobern?«
»Na ja, wenn er noch Extras will, sagst du ihm, daß du dann auch mehr Geld kriegen muß. Kapiert?«
»Ja.«
Kurz danach stehe ich auf dem rotbeleuchteten Gang. Discomusik dröhnt. Wie gerne wäre ich jetzt in einer Disco. Freier kommen einzeln oder in Gruppen. Ich stehe, beobachte, bringe kein Wort über meine Lippen. Schnell merke ich, daß die Männer in Gruppen ihre dummen, derben Witze machen. Einigkeit macht stark. Am Morgen reicht mein Geld für die Zimmermiete und die Taxifahrt nach Hause. Todmüde, frustriert falle ich ins Bett.
Am zweiten Abend lese ich auf dem Gang Leila und Madschnun. Ein persisches Märchen.
»Du mußt die Freier anquatschen«, sagt mir eine Kollegin.
»Ich kann es nicht.«
»Aber so verdienst du nichts und dann wird dein Alter sauer.«
»Es ist mir egal«, senke den Kopf und lese weiter.
Mein »Alter« wird wirklich sauer.
»Wieso verdienst du kein Geld? Wir brauchen es zum Leben.«
»Hansi, ich kann nicht im Puff stehen. Ich ertrage das Gekeife und Gegröle nicht. Ich lasse mich nicht von Fremden duzen und sage zu niemanden »Hallo Süßer«, wenn er nicht mein Süßer ist.«
»Die anderen tun es auch.«

»Ich bin nicht die anderen. Ich liebe dich, aber bevor ich mich noch einmal in dieses Wespennest stelle, gehe ich lieber nach Hause zurück.«
Warum habe ich es nicht getan? Die Zeit wäre noch für mich gewesen.
»Was willst du dann?«
»Bist du der Zuhälter oder ich? Lasse dir etwas einfallen.«
Wir giften uns an. Dann einigen wir uns darauf, daß er eine Wohnung für mich sucht und ich so lange noch ins Bordell gehe. Vier Tage stehe ich noch, dann kommt mir der Zufall zu Hilfe. Durch einen Freund erhalten wir dieses Häuschen.
Der Schnee wird nicht müde. Er fällt und fällt. In einigen Monaten wird der Frühling zurückkehren. Der Sommer erneut mit seiner Sonne kommen. Meine Sonne wird mir lange nicht mehr scheinen.

Das Telefon klingelt. Mehrmals.
»Warum gehst du nicht an das Telefon«, fragt Hansi.
»Ich kann heute nicht arbeiten und auch die nächsten Tage nicht, weil ich meine Mensis habe.«
»Wie?«
Hansi schaut mich entgeistert an.
»Das ist doch kein Grund, um nicht zu arbeiten.«
»Und wie bitte schön soll ich es tun? Soll der Freier vielleicht in meinem Blut plantschen?«
»Jetzt höre mir einmal ganz genau zu! Du hast über eine Woche nichts verdient und viel nachzuholen. Jetzt schiebst du dir einen Tampon rein oder einen kleinen Schwamm, wie die anderen auch, und dann wird gearbeitet.«
Das nächste Telefonat nehme ich entgegen. Mehrere. Jeder will vorbeikommen, das ist der übliche Spruch und irgendwann steht tatsächlich einer vor der Tür. Wie dieser. Ich habe mich vorher lange mit ihm unterhalten, um das Kommende hinauszuzögern. Eine Unmenge Wodka pur ist währenddessen

in meinen Magen geflossen. Endlich habe ich mich entschlossen, die Sache anzugehen und durchzuziehen.
Ein rasender Schmerz drängt sich an meinen Gebärmutterhals. Meine Beine versuchen sich zu schließen, ebenso die Vagina. Mein Becken drückt sich ganz tief in die Matratze. Innerlich schiebt sich mein Körper nach oben, um dem Mann auszuweichen, der gerade in mich eingedrungen ist. Er merkt nichts von meinem inneren Kampf, spürt nicht, daß mir nach schreien ist, weil mir sein Penis und mein Tampon in der Vagina zu viel sind.
»Hört er denn niemals auf? Warum braucht er so lange? Ich kann nicht mehr« durchzuckt es mich, aber ich beiße die Zähne zusammen. Lasse mir nicht das geringste anmerken.
»Du bist doch blöd«, tönt die innere Stimme. »Du hast selber Schuld, wenn du dir das gefallen läßt. Also höre mit dem Gejammer auf.«
Verdammt, ich weiß, daß sie recht hat und ich verstehe nicht, warum ich mich heute morgen darauf eingelassen habe.
Irgendwann ist es überstanden. Andere kommen und gehen. Abends bin ich nur noch tosender Unterleib. Stockbetrunken falle ich ins Bett. Hansi stört es nicht und er will mit mir schlafen. Ich lasse es zu, weil es jetzt auch schon egal ist.
Weshalb habe ich mich überhaupt so weit erniedrigt? Auf einer anderen Seite habe ich mich doch auch durchsetzen können:
»Elisabeth, ich habe keine saubere Wäsche mehr.«
»Dann, Hansi, mußt du sie dir waschen. Ich gehe für dich auf den Strich, aber ich bin nicht deine Magd.«
Hansi hat mich nach diesen Worten seltsam angesehen. Etwas muß in meiner Stimme gewesen sein. Er hat es selbst getan und mich nie wieder gefragt.
Ich gehöre zu den Frauen, die nie einsehen werden, warum sie für einen Mann das Hausmütterchen spielen sollen. Für Frauen, die sich die Doppelbelastung von Beruf und Haushalt

aufbürden, kann ich kein Verständnis empfinden. Sicher, es hat sich in diesem Bereich manches geändert, aber die meisten Männer denken eben immer noch anders. Tut es die Mehrzahl der Frauen, weil es zu ihrer Rolle des »Frau-sein« gehört? Dann bin ich lieber keine. Wenn ich mit einem Mann zusammen bin, dann möchte ich Partnerin sein. Nicht seine Mutter oder Amme.

Ich lerne schnell, mich selbst zu schützen, wenn ich während meiner Mensis arbeite. Die Beine legen sich automatisch anders, die Vagina schließt sich wie von selbst.
Da Hansi viel reist, nehme ich mir die Freiheit, dann zu pausieren. Ich verdiene ausgezeichnet, es fällt nicht auf. Später, als er nicht mehr bei mir ist, der andere Zuhälter in meinem Leben steht, arbeite ich nur, wenn das Geld sehr knapp ist – und das kommt selten vor. Doch die wenigen Male waren genug. Lange Zeit habe ich keine Tampons mehr ertragen und sie widern mich immer noch an. Und es kam wohl noch etwas hinzu: die Freiheit, jede Penetration zu vermeiden.
»Ich kann nicht mehr! Hörst du, ich kann nicht mehr. Ich bin es leid und habe es satt für dich auf den Strich zu gehen.«
»Elis...«
»Halt dein Maul. Ich kann dein Gewäsch nicht mehr ertragen. Wie war das? Was hast du mir versprochen, wenn ich für dich auf den Strich gehe? Geld, Freizeit, schöne Kleider. Und was ist? Nichts ist.«
Ich hole Atem. Hansi benutzt die Pause:
»Elisabeth, kann ich vielleicht auch etwas sagen?«
»Nein, Hansi, nein. Ich weiß nämlich schon was kommt. Wir müssen Geld sparen für später. Und was tust du? Du triffst dich jeden Tag mit deinen Zuhälterfreunden und gibst es aus. Nicht anders als in Hamburg. Du kaufst dir, was dir gefällt und mir bringst du den Dreck aus dem Second-hand-Shop mit.«

Ich tobe, rase. Renne zum Schrank und reiße die für mich mitgebrachte Kleidung hinaus. Zerschneide sie und werfe die Stücke durch das Zimmer.
»Elisabeth, wir waren gerade im Urlaub.«
»Gerade im Urlaub? Seit Anfang Dezember sind wir in München. Über Weihnachten waren wir weg, aber seit dem zweiten Januar arbeite ich rund um die Uhr. Keine Nacht darf ich durchschlafen und das seit sechs Wochen.«
Meine Wut verlagert sich auf das Tischtuch. Ich ziehe es mit einer großartigen Geste herunter. Flaschen, Gläser, volle Aschenbecher kullern auf den Teppichboden. Ich schmeiße mich daneben. Ruhig, erschöpft. Die Tränen rinnen aus meinen zu großen kranken Augen, die tief in ihren Höhlen liegen. Darunter sprechen die Augenringe ihre blaue Sprache. Mein Körper ist total geschwächt. Ich wiege unter fünfzig Kilo. Das Essen fällt mir schwer. Das meiste erbreche ich. Morgens zum Frühstück trinke ich quer durch den Alkoholgarten Whisky, Wodka, Gin und Cognac – alles pur. Mein Zigarettenkonsum ist auf sechzig gestiegen – ohne Filter. Meine Hände zittern. Hände fassen nach mir, drehen mich um:
»Elisabeth«, Hansis Stimme ist sanft, »willst du heute abend ausgehen?«
»Ja.«
Abends sind wir bei Bekannten. Aus der Branche. Wir reden über mich.
»Hansi«, sagt einer, »du verlangst wirklich zuviel von ihr. Das kann sie nicht durchhalten. Sie ist zart.«
Ich bin ihm dankbar. Am nächsten Abend kommt Hansi mit zwei Flugtickets. Wir fliegen eine Woche nach Gran Canaria. Ich schlafe viel. Wir fahren in die Berge. Hansi ist lieb und zärtlich und großzügig mit meinem Geld. Nachts sind wir am Strand. Der Sternenhimmel über der Insel lädt zum Träumen ein. Wovon soll ich träumen? Daß wir es nach zehn Jahren Strich, meinem Strich, wirklich geschafft haben? Daß ich mich

ausruhen und Frieden finden kann? Daß wir irgendwohin gehen, wo uns niemand kennt? Wer ist wir, wenn ich in dieser Situation doch nur ich bin. Bin ich überhaupt noch? Es tut mir weh, daß unter diesem bezaubernden Himmel meine Romantik einen grauen Mantel tragen muß. »Mußt du? Hast du ihn dir denn nicht selbst angezogen? Wenn er dir zu schwer ist, dann ziehe ihn aus und gehe nach Hause zurück.« Da ist sie wieder. Die ewig mahnende Stimme. Das Gewissen. Nach Hause gehen. Wieder bei Mutter sein. Mein Gott, wenn sie es wüßte. Sie darf es nie erfahren. »Dann schweige«, sagt es von innen heraus. Dann ist die Stimme still.
Zwei Monate gehe ich jetzt auf den Strich. Sie haben mich verändert. Ich bin kein junges Mädchen mehr, sondern eine Frau, die sich zumindest privat und im Suff die Ordinärsprache angewöhnt hat und uralt ist. Nach einem Augenblick des Zögerns, gebe ich meine Hoffnungen, meine Zuversicht den Wellen des Meeres preis. Soll es sie hintragen, wohin es mag. Wie lange währt die Ewigkeit?

Wieder zurück in München normalisiert sich mein Leben, wenn man in diesem Fall überhaupt noch davon sprechen kann. Ich habe nachts meine Ruhe, ohne einen Freier zu empfangen oder an das Telefon zu gehen. Hansi läßt mich tagsüber viel allein, und ich nutze die Zeit zum Lesen. Mein Gewicht klettert langsam nach oben. Ein neuer Schlagabtausch findet zwischen Hansi und mir statt.
»Ich möchte meine Kranken- und Rentenversicherung zahlen.«
»Was«, fragt Hansi zurück, »soll denn das schon wieder?«
»Ich kann krank werden und für das Alter möchte ich mich versorgt wissen.«
Hansi überlegt. Allmählich weiß ich schon, daß es ihm schwerfällt. Er ist schön – das ist alles.
»Also, die Sache mit der Krankenkasse leuchtet mir ein, aber

für die Rente gibt es kein Geld. Ich kenne keine, die das tut. Außerdem haben wir später genug.«
Später. Er redet von später. Wie kann es das geben, nachdem ich jetzt schon das Gefühl habe, daß alles zu spät ist, es für uns kein Morgen gibt.
»Woher weißt du das? Es sind so viele gescheitert.«
Unser Gespräch endet im Schweigen. Ich nehme mir vor, diese Angelegenheit zur gegebenen Zeit zu regeln. Sie ist nach unserer Trennung reif. Ich zahle die Ausfallzeiten nach und von da an die ganzen Jahre hindurch. Hansi hat recht gehabt. Immer, wenn ich auf dem Gesundheitsamt war, das ich regelmäßig aufsuchen mußte, habe ich das Gespräch mit den Frauen gesucht. Keine von ihnen ist je auf die Idee gekommen, auf diese Weise für ihr Alter vorzusorgen. Jede ist davon ausgegangen, daß sie mit ihrem Freund oder Mann den Sprung zurück in das bürgerliche Leben schaffen wird. Die versprochene Selbständigkeit schloß für sie automatisch den abgesicherten Lebensabend mit ein. Es war mir unbegreiflich, daß sie sich dem Gespenst des Sozialamtes, der Gosse verschlossen – vielleicht wollten sie es nur nicht zugeben. Meine Ahnung, meine Befürchtungen konnten kein Einzelfall sein.
Seltsam, es läuft so viel Geld durch die Hände dieser Frauen – dafür ist nichts übrig. Elend, das vermeidbar ist.
Hansis Umarmungen gingen einem Wandel entgegen. Ich begann mich, nach nur knapp vier Monaten, innerlich von ihm zu entfernen. Mein Märchenprinz begann zu sterben. Da war seine unglaubliche Schönheit, die mich immer noch faszinierte. Die Eitelkeit, daß ihn so viele Frauen begehrten – und er mir gehörte. Doch was besaß ich wirklich? Was gehörte mir noch? Das Winseln, das Weinen, wenn ich in seinen Augen zu wenig verdient hatte und er nicht mit mir schlafen wollte. Liebesentzug, im schlechteren Falle Schläge, das spornt an, stärkt den Arbeitseifer. Wir Frauen, die wir uns das gefallen

lassen, müssen doch verrückt sein. Trotzdem, ich verurteile keinen Zuhälter, weil immer zwei dazugehören. Was hatte ich noch? Meine Bockigkeit, mein Durchsetzungsvermögen für Kleinigkeiten. Ich war zu einem traurigen Spiegelbild meines Selbst verkommen. Meine alten bürgerlichen Freunde aus Hamburg verstanden nicht, warum ich mich so tief demütigen ließ, aber bis auf eine hielten sie mir die Treue. Spendeten mir Trost, wenn meine Verzweiflung, mein Selbstmitleid überschwappte.

Die Augen, die mich durch das Schlüsselloch beobachten, sind mir unangenehm, machen mich unsicher. Sie sehen, daß ich einen Mann zärtlich mit meinen Händen streichle, seinen Penis in den Mund nehme, mit ihm schlafe. Wenn die grünen Augen satt vom Zusehen sind, werden sie mit dem dazugehörenden Gesicht und Körper auf leisen Sohlen in das Hinterzimmer gehen. Dieser Jemand wird masturbieren oder auf mich warten, um mit meinem noch warmen Körper zu schlafen. Vielleicht wird er mich auch wieder mit den ermüdenden Vorwürfen quälen:
»Elisabeth, der Freier ist kein Liebhaber. Du bist zu liebevoll. Die Kerle sollen bumsen. Sonst nichts.«
»Aber Hansi, es sind Menschen, die zu mir kommen. Menschen, die Probleme haben. Die Liebe bei mir suchen, weil sie ihnen anderweitig verwehrt bleibt.«
»Das ist ihr Problem.«
»Nein, dadurch, daß ich sie wie Menschen behandel, handeln sie auch mir gegenüber anders.«
Ich bin eine stille und sanfte Hure. Sehr selten gibt es lautstarke Auseinandersetzungen, noch weniger unangenehme Erlebnisse. Trotzdem habe ich Angst. Jedesmal wieder, wenn ein Fremder kommt. Ein scharfes Messer liegt deshalb unter meinem Kopfkissen, bis ein Mann aus Versehen hineingreift und das Blut in Strömen fließt. Von da an lebe ich lieber mit

der Angst. Meine Kühle läßt es nicht zu, daß ich duze und ich werde es auch nicht. Im Bett lege ich sie ab oder wenn ich jemanden längere Zeit kenne. Kaum jemals hört einer von mir, daß er der Größte ist. Meine Geduld ist grenzenlos, wenn ein Mann aus vielen Gründen heraus einmal nicht kann.
Meine innere Eingebung gibt mir sehr schnell recht. Innerhalb kurzer Zeit umgibt mich ein großer Kreis von Stammgästen. Damit steht und fällt eine Prostituierte in finanzschwachen Tagen. Viele dieser Männer sollen mich über Jahre begleiten. Und das, was mir privat vom Leben verweigert worden ist – hier kommt es zurück. Blumen, Champagner, Pralinen. Es gibt etwas zum Geburtstag, zu Weihnachten. In meiner Wandelphase vom Strich zum normalen Leben, hat mich mancher von ihnen zum Arzt gefahren, wenn ich krank war. Für mich eingekauft. Für diese Männer habe ich nie Ekel und Abscheu empfunden.
Hansi gehörte zu den Männern, die immer können. Wenn er nicht gerade in der Münchner Innenstadt oder im Süden war, hatte er es sich zur Angewohnheit gemacht, mich durch das Schlüsselloch zu beobachten – ob ich auch alles richtig mache. Richtig wäre gewesen – zuzugeben, daß er zusätzlich zu seiner Potenz, das Geschenk des Spannertums in die Wiege gelegt bekommen hatte. Ich wehrte mich nicht gegen sein Tun – ich war schon zu müde.
Doch das Aufflackern des alten Kampfgeistes kehrte in einer anderen Situation zurück. Einmal in der Woche, das heißt, wenn ich sieben Tage gut verdient hatte, gingen wir weg. Irgendwann saßen wir in einem Lokal mit fremden Leuten an einem Tisch und kamen ins Gespräch. Die übliche Frage tauchte auf:
»Was machen Sie beruflich?«
Ehe Hansi etwas sagen konnte, antwortete ich:
»Ich gehe auf den Strich, und er ist mein Zuhälter, nicht wahr, Liebling?«

Ich strahle ihn fragend an, dann wandert mein Blick zu den Leuten. Sie sehen schockiert aus. Fangen zu lachen an:
»Na, Sie sind vielleicht witzig. Und was machen Sie nun wirklich?«
»Das, was ich eben sagte.«
»Elisabeth«, redet Hansi dazwischen, »du bist ja betrunken.«
»Das stimmt, aber ich weiß immer noch, wie die Wahrheit aussieht.«
»Entweder du benimmst dich, oder du kannst nach Hause fahren.«
»Gut, ich fahre.«
Ich stehe auf, sehe Hansi und die Leute an und sage dann:
»Sehen Sie, so ist es. Eine Frau prostituiert sich. Der dazugehörige Mann lebt nicht schlecht davon, aber zugeben mögen es die meisten nicht.«
Wer mag überhaupt etwas zugeben. Fast jeder macht mehr aus sich, als er ist. Egal, auf welcher Seite er steht. Warum ist das so stark ausgeprägt? Weil wir in einer Welt leben, die den Materialismus als die höchste Form des Seins ansieht? In der man ohne eine guteingerichtete große Wohnung, einem neuen Auto, einer hochdotierten Stellung nichts ist? Es ist eben so. Ja, weil wir es zugelassen haben. Ich habe alle Möglichkeiten erhalten, alle verspielt und bin nicht einmal traurig. Es hat mir den Weg zur geistigen Ebene geöffnet. Aber davon später.

Hansi macht Urlaub im Süden. Kommt zurück und wir fahren gemeinsam nach Italien. Verona. Ich liebe die Stadt auf Anhieb. Stehe unter Julias Balkon und denke an ihre Romanze mit Romeo. Wünsche mir, ich könnte eine Liebende sein. Eingefangen in das Du und Ich, das zur Einheit führt. Wünsche mir, ich sei ein Mehr als das Flüchtige aus Haar, Haut, Händen. Was geht eigentlich in dem Kopf einer Frau vor sich, wenn sie gegen Entgelt mit einem Mann im Bett liegt? Was passierte bei mir?

Ganz am Anfang war jede verdiente Mark mit einem Glücksgefühl verbunden. Schließlich sicherte sie Hansis und meine Zukunft. Sein Gesicht schob sich stets zwischen den Gast und mich. Es so zu sehen, half den seelischen Schmerz leichter zu ertragen. Nahm viel von dem Ekel, wenn ein schwitzender Männerleib mein hautloses Fleisch noch wunder rieb. Selbst als meine Illusionen längst verschwunden waren und wir uns getrennt hatten, klang Hansi noch lange Zeit auf diese Weise in mir nach. Später andere Männer – meistens geträumte. Ich dachte an die fixen Kosten, die nun bezahlt werden konnten. An den letzten Urlaub. War voller Wut, wenn ich ihn im Café wußte. Das schlechte Gewissen klopfte an und kam herein oder es kam ganz böse von innen heraus:

»Du wolltest doch immer Modell werden. Jetzt bist du eines.«

Es stimmte. Obwohl ich mich häßlich fand, war mein Jungmädchentraum der Beruf des Fotomodells. Ich bin zu so vielen Modellagenturen gegangen, bin auf der Straße von guten, namhaften Fotografen angesprochen worden, aber landete stets in ihren Betten. Was wäre ich noch gern geworden? Geschichtslehrerin, Journalistin, Altertumsforscherin.

Italien – das war auch Venedig. Die neuen Schuhe, die ich mir eine Spur zu klein gekauft hatte und die sich heiß in meine Fersen brannten, mich später barfuß gingen ließen. Doch dieser Schmerz war mir angenehmer, als die vielen Freier, die sich in mein Herz, Gehirn und meine Seele bohrten.

Kaum zurück in München, drängte es Hansi schon wieder hinaus. Und ich schickte ihm das Geld, das er zum Leben brauchte, hinterher. Ich wollte ihn bei mir haben. Als er nicht kam, sperrte ich das Geld. Er rief mich an, war wütend. Ich legte auf, was ihn zur Weißglut gebracht haben muß, denn zwei Tage später stand er vor der Tür. Das erste was ich ihm sagte:

»Hansi, so geht es nicht weiter. Ich habe keine Lust mehr.«

Er lacht mich an, er lacht mich aus. Nimmt mich in seine Arme

und plötzlich ist alles wieder gut. Meine ganze Sehnsucht, die Träume steigen hoch. In seinen Armen schwimme ich weg. Als Zuckerl gibt es ein verlängertes Wochenende am Gardasee.
Dort haben wir uns ausgesprochen. Ich wollte mehr Rechte, wissen, was mit dem Geld geschieht und eigenes haben. Er versprach alles und hielt nichts. Magisch zog es ihn in den Süden, weil er die Sonne, das gesellschaftliche Leben liebte. Wie üblich schickte ich ihm das Geld hinterher, fing aber zu bunkern an. So heißt es in der Branche, wenn eine Frau »heimlich« Geld zur Seite schafft. Und er mochte wohl auch nicht bei mir sein, weil er mich nicht liebte. Wie hätte er es auch tun können? Martins Satz fällt mir ein: Ein Mann, der eine Frau liebt, schickt sie nicht auf den Strich.
Er hat recht. Ein Ehepaar habe ich in Hamburg gekannt, da fand die berühmte Ausnahme statt. Alle anderen blieben nicht zusammen. Von einem Zuhälter weiß ich, daß er den Sprung zurück in das bürgerliche Leben geschafft hat. Er war intelligent, seine Eltern reich. Der Ausrutscher eines verwöhnten Sohnes würde man in dem Fall wohl sagen.
Wie löst man sich von einem Zuhälter, einem Mann, von dem man glaubt, ihn zu lieben? Der einem Angst einjagte? Es würde nicht leicht sein, das war mir klar. Aber es mußte sein. Ich überlegte hin und her. Zeitungsartikel fielen mir ein:
»Prostituierte von ihrem Zuhälter zusammengeschlagen.«
»Dirne zeigt Zuhälter an.«
»Dirne zieht die Anzeige zurück.«
Zur Polizei gehen? Nein, das kam nicht in Frage. Erstens hatte ich mir die Sache selbst eingebrockt und zweitens keine Lust auf das Waschen schmutziger Wäsche. Was dann? Die Freunde um Rat fragen? Die aus Hamburg waren so weit weg. Eine Freundin hatte ich in München und die Nachbarn, die mich gern hatten. Eines Tages wurde eine gute Idee geboren und Tage später saß ich bei einem Notar. Ich machte keine Umschweife:

»Ich bin Callgirl. Sie müssen mir helfen.«
»Und wie«, fragt der Notar, »soll das aussehen?«
»Ich möchte mich von meinem Zuhälter trennen. Bitte setzen Sie ein Schriftstück für mich auf.«
Auf das Papier des Notars fliegen Namen. Hansis, das seiner Freunde. Ich gebe preis, was ich von ihren nicht ganz legalen Geschäften weiß. Und – das Wichtigste – daß dieses Schriftstück an die Staatsanwaltschaft geht, wenn mir etwas zustößt.
»Ein kluger Zug von Ihnen. Schade, das sollten mehr Frauen tun.«
Mit dem Wissen, das Schriftstück im Hintergrund zu haben, fühle ich mich sicherer. Doch ich handle noch nicht. Warum nicht? Ich weiß es nicht.
»Doch«, spricht es von innen, »du weißt es. Du hast nur immer noch deine Träume im Kopf. Glaubst, daß er sich ändert. Elisabeth, wache endlich auf. Es ist zu Ende.«
Nein, ich will das nicht. Träume müssen sich erfüllen. Dürfen sich nicht als Seifenblasen, Alpträume entpuppen. Ich weine, schreie, balle meine Fäuste, beiße in Kissen. Vergrabe mich darunter, um das Echo nicht mehr zu hören:
»Ende, Ende…«

Mitte September fliege ich auf die Balearen. Ich darf zu ihm kommen. Denke mir, daß er doch nicht so schlecht ist. Ich mir das alles nur einbilde, oder dürfte ich sonst schon wieder Urlaub machen? Ich will ihn noch einmal genießen und sei es nur das Maß seiner vorgetäuschten Gefühle. Trinke sein Gesicht, seinen Körper. Liebkose seine Locken mit meinen Lippen. Bin nur noch großes Loch, das in sich aufsaugt, bevor alles leer und dunkel wird. Ich liebe ihn doch.
Leer, dunkel – kann es überhaupt noch mehr werden? Wo ist es zu Ende? Wieviel kann ein Mensch ertragen, aushalten? Schmerz, Kummer machen zäh, widerstandsfähig. Manchmal frage ich mich, ob die Hölle, die viele Religionen für schlech-

tes Betragen versprechen, nicht schon hier auf der Erde stattfindet.

Ich komme aus dem Badezimmer. Mein Körper ist feucht unter dem dünnen Hauskleid. Der Gast liegt noch auf dem Bett. Satt, zufrieden. Raucht. Trinkt. Ist mir vertraut.

»Elisabeth, sei einmal ehrlich, hast du einen Zuhälter?«

»Nein, so dumm bin ich nicht.«

»Das würde auch gar nicht zu dir passen. Dazu bist du zu intelligent. Außerdem will ich, daß das Mädchen mein Geld bekommt, wenn ich irgendwo hingehe und nicht ihr Lude.«

Er wirkt erleichtert. Alle stellen diese Frage und bekommen eine verneinende Antwort. Kaum eine Prostituierte wird die Spielregeln verletzen. Es gilt, das Gesicht zu wahren. Zu vermeiden, daß der Freier abspringt. Als ich das erstemal auf dem Gesundheitsamt war, um mir meinen *Bockschein* zu holen, wurde mir die Frage ebenfalls gestellt. Das Nein kam wie von selbst über meine Lippen. Schließlich hatten Hansi und seine Freunde mich genügend bearbeitet zu schweigen. Die Argumente: Der Mann muß im Hintergrund bleiben, weil er die geschäftlichen Angelegenheiten zu regeln hat und die Frau so besser beschützen kann. Es wird wohl von seiten der Zuhälter reiner Selbstschutz sein, um nicht mit dem Gesetz in Konflikt zu kommen.

»Elisabeth«, reißt mich die Stimme des Gastes zurück, »woran denkst du?«

»An nichts.«

Eine halbe Stunde später geht er nach Hause zu seiner Familie. Es ist Heiliger Abend. Ich bin allein mit meinem Kater, der sich eng an mich gekuschelt hat und schnurrt. Er ist zufrieden. Seine Wärme dringt durch meinen Kleiderstoff. Tut mir gut. Meine Hände gleiten über seidiges Fell. Streicheln ein Köpfchen in dem keine Falschheit, keine Niedertracht wohnen:

»Cäsar, was weißt du?«

»Miau.«
»Ja, Kleiner, so viel weiß ich auch.«
Heiliger Abend. Weihnachten. Das Fest der Besinnung. Ich besinne mich auf mein Gestern. Erinnere Schläge, blaue, böse Flecken. Die ersten und letzte Schläge von Hansi. Vier Wochen ist es jetzt her, daß er von seinem Dauerurlaub zurückgekommen war. Die ersten Tage verliefen friedlich. Ich war sehr ruhig. Besonders an dem Tag, als ich zu meinem Hieb ausholte.
»Elisabeth«, sagte Hansi zu mir, »es ist noch nicht einmal elf Uhr und du säufst dich schon wieder voll.«
»Schmeckt ausgezeichnet. Magst du auch?«
»Willst du mich provozieren?«
»Nein, Hänschen, aber wenn du wiederkommst, liegt eine Überraschung auf diesem Tisch.«
Ich poche demonstrativ auf ihn. Hansi murmelt etwas von blödes Weib und geht. Ich saufe weiter. Heute ist Wodkatag – rauche Kette und fresse Valium. Irgendwann torkel ich zum Bett. Falle nur noch hinein – kotze. Bin müde, bin kaputt. Mag mich nicht duschen. Schlafe in meinem Erbrochenen ein. Das Gehirn zuckt: die Haare. Es stinkt. Dann bin ich weg.
Etwas zieht mich hoch, schreit mich an. Etwas klatscht in mein Gesicht, reißt mich aus dem Bett. Ich werde über etwas endlos Hartes gezogen. Fußboden, denkt und fühlt es in mir. Augenblicke später das eiskalte Wasser.
»Was soll das?«, lalle ich. Mich friert.
»Bist du jetzt munter? Du saudumme Schlampe, was ist in dich gefahren?«
Das Schriftstück, saust es durch meinen Kopf. Er hat es gefunden.
»Das ziehst du zurück.«
Mein Kopf schüttelt sich verneinend. Mir ist so schlecht. Alles dreht sich in mir, um mich herum. Will nur noch weiterschlafen, nichts mehr wissen.

Ich weiß nicht, wie lange ich geschlafen habe, aber als ich aufwache, tut mir alles weh. Meine Augenlider wollen mir nicht so recht gehorchen.
»Endlich bist du wach«, erklingt eine weibliche Stimme neben mir. Ilse, die Freundin von Thomas sitzt an meinem Bett. Mühsam sehe ich sie an:
»Er hat mich geschlagen.«
»Das hattest du auch verdient, aber jetzt ist alles wieder in Ordnung, nicht wahr? Wir drehen alle einmal durch.«
»Und ich drehe nicht mehr mit.«
»Er liebt dich. Du ihn. Was willst du mehr?«
»Ich will mich wiederhaben. Und wenn ich weiterhin auf den Strich gehe, dann ohne Luden. Daß er mich liebt ist Quatsch.«
Ilses Versöhnungsversuch ist umsonst. Noch mehr, als ich mich im Spiegel betrachte. Blaue Veilchen blühen um meine Augen. Geronnenes Blut klebt an meiner Nase, meinen Wangen. Jede Bewegung tut mir weh. Er muß mich arg während meiner Umnachtung geschlagen haben. Am nächsten Tag verhandeln wir. Er will Geld, viel Geld. Ich habe es nicht. Endlich einigen wir uns auf fünftausend Mark, weil ich mit der Polizei kokettiere und er genug in einem Jahr bekommen hat.
Fünftausend Mark bin ich wert. Was kostet eine Kuh? Heiliger Abend, Weihnachten – ich habe heute nicht gelogen. Habe keinen Luden mehr. Wäre so gern zu Hause, bei der Mutter, dem Bruder, möchte Stille, Frieden atmen. Meine Mutter ist bestimmt traurig, daß ich nicht dabei bin, auch wenn sie es versteht, daß ich aus beruflichen Gründen nicht aus München weg konnte. Der Tannenbaum, ob er schon brennt? Bestimmt. Es ist später Abend. Die Kerzen werden schon tropfen. Schwer tropft mein Herz, rinnt der Eiswein die Zunge hinunter, brennt das Nikotin in meinen Rachen.

Zwei Unsichtbare kämpfen miteinander. Im Dunkeln. Lautlos. Gespenstisch. Jagen sich über die Wendeltreppe der Nervenbahnen. Treffen in der Gehirnströmung zusammen:
»Ich will nicht mehr«, sagt die Seele, »Hansi ist weg. Es ist genug. Ich will heim.«
»Jetzt«, wo ich das ganze Geld für mich habe? Kein Lude mehr da ist? Ich denke überhaupt nicht daran«, antwortet das Ego.
»Aber es wird ein Neuer kommen. Immer und immer wieder. Der Strich bringt kein Glück.«
»Es kommt kein Neuer. Ich habe aus der Situation gelernt.«
»Bist du sicher?«
»Frage nicht so blöd.«
»Ein Jahr gehst du jetzt auf den Strich. Nichts ist geblieben, nichts wird bleiben. Wenn du mit mir nach Hamburg zurückkehrst, können wir ein neues Leben anfangen. Ein Jahr, das kann man unter den Tisch fallenlassen. Keiner wird es erfahren.«
»Du willst mich wieder hinter den Schreibtisch zwingen. Ich soll mir von diesen Chefs Vorschriften machen lassen. Jenen, die hier so klein sind.«
»Das ist etwas anderes.«
»Du kannst reden wie du willst. Es wird hiergeblieben.«
Die Seele seufzt und geht ab, als der Gladiator, der die Arena sterbend verläßt. Hämisch grinst das Ego hinterher.

»Trotzdem du eine Nutte bist, habe ich dich gern«, sagt Andreas zu mir.
Trotz dem, diesem Denken, dieser Einstellung, wehre ich mich innerlich. Sage laut:
»Das ist aber lieb von dir.«
Andreas ist Medizinstudent und füllt manche einsame Nacht. Er ist das neue Lachen mit mir, das Toben im Bett. Trinkt Sekt aus meinen Schuhen und wir finden es beide komisch.

Mein Geld will er nicht. Manchmal träumen wir von seiner Praxis, und daß ich seine Sprechstundenhilfe bin. Alles ist unbeschwert. Dann, nach Wochen:
»Arbeitest du eigentlich auch als Domina?«
»Ich bin doch keine Sau«, entrüste ich mich.
Sage das gleiche zu den Freiern, die mich diesbezüglich anrufen. Ich bin weit genug unten. Einmal muß Schluß sein.
»Ich möchte so gern, daß du mir den Hintern versohlst. Bitte.«
»Ist das dein Ernst?«
»Mmh.«
»Warum?«
»Weiß nicht. Eine ältere Frau hat es einmal mit mir gemacht. War geil. Komm, stell dich nicht so an. Als Nutte mußt du das können.«
Muß ich? Weil mir als Nutte das Mensch-Sein abgesprochen worden ist? Weil man mich als Telefon-Hure anonym anrufen kann, um mich zu beschimpfen? Von Menschen, denen es selbst an Menschlichem fehlt? Die sich mir gegenüber als Richter aufspielen, indem sie mir sagen, daß ich eine Drecksau, ein schmutziges Schwein bin. Die mir sagen, ich bin geil auf dich. Menschen blockieren stundenlang meine Leitung, schmieren meine Hauswand voll: Du Nutte!!!, aber ich bin kein Mensch. Deshalb muß ich es können? Ich muß nicht. Aber jetzt bin ich so weit, daß ich es will.
»Ich habe nichts dafür.«
»Nimm einen Kochlöffel.«
Ich gehe und hole einen. Er schlägt Schulespielen vor, erklärt es kurz, ich versuche zu begreifen. Andreas steht angezogen vor mir:
»Wieviel sind drei und fünf?«, frage ich ihn.
»Sieben.«
»Du dummer Bengel. Hast wieder nicht gelernt. Hose runter.«
Ein neuer Andreas steht vor mir. Todernst. Zitternd. Die Hose fällt und er legt sich über meine Knie. Ich habe Mühe, mir das

Lachen zu verbeißen, denke an die Patienten, die sich von ihm gesundmachen lassen wollen, von ihm, der selbst krank ist. Der Kochlöffel liegt in meiner Hand, kreist unsicher in der Luft, saust nieder.

»Au.«

Es ist gar nicht schlimm, überlege ich. Vielleicht sollte ich doch als Domina anfangen. Der Kochlöffel saust erneut.

»Au.«

Ein innerer Unhold tippt auf meine Schulter, beugt sich ganz nah an mich heran. Flüstert:

»Das tut ihm gar nicht richtig weh. Nimm ein nasses Handtuch.«

»Andreas«, sage ich, »wir machen Pause. Ich komme gleich wieder.«

Als ich zurückkomme, habe ich ein nasses, zusammengedrehtes Handtuch bei mir. Eröffne die neue Stunde. Andreas ist wieder dumm, aber diesmal muß er sich auf das Bett legen. Ich schlage mit aller Kraft, die meine schmalgliedrigen Hände und Finger erlauben, zu. Immer und immer wieder. Als ich endlich aufhöre, gleicht sein Hintern einem Feuerball. Er wimmert, stöhnt. Reibt sich. Küßt meine Füße. Schläft mit mir. Schläft ein. Ich liege noch lange wach, wie immer, um mein Tagesgeschehen zu durchleuchten.

»Hat Spaß gemacht«, sagt der Unhold in mir.

»Nein«, antwortet die Seele, »du hast mir wehgetan«.

»Weh, du mit deinem Geschwätz. Das bringt zusätzliches Geld.«

»Es gibt anderes als Geld.«

»Sei still, sei endlich still.«

Seit jenem Tag arbeite ich neben Callgirl-Normal als Domina im Kleinformat. Kaufe mir Peitschen, Lederfesseln, -slips, -BHs. Das muß reichen. Ich lerne schnell. Innerhalb kurzer Zeit ziehe ich mit der Präzision der Meisterin die Peitsche über

Männerrücken. Fessel ihnen die Hände und Füße. Lasse sie durch das Haus kriechen. Trete, schlage sie, wenn sie zu langsam sind. Sie sind immer zu langsam. Ich gehe mit dem Exhibitionisten auf die Landstraße und sehe mit unbeweglichem Gesicht zu, wie er vorbeifahrenden Autofahrern sein Geschlechtsteil zeigt. Er ist derselbe, dem ich Brennesseln in die Hose schiebe. Frisch und jung müssen sie sein. Dann beißen sie am besten.

Wenn ich mit einigen wenigen Freundinnen darüber rede, lache ich. Es klingt seltsam, ist nicht mehr das meinige, so schrill, so hoch. Und mein Spiegelbild erzählt mir etwas anderes. Ich ertrage es nicht mehr, mir in die Augen zu sehen. Wende mich ab, voll Abscheu und Ekel. Aus mir ist ein grandioses Schwein geworden. Ich fange an, im Dunkeln zu baden. Renne an sämtlichen Spiegeln vorbei. Meide alles, was mit Licht zu tun hat.

»Warum, trägst du eigentlich immer eine Sonnenbrille?«, fragt mich eines Tages eine Freundin.

»Meine Augen sind in der letzten Zeit so empfindlich.«

Nein, es sind nicht die Augen, die empfindlich geworden sind. Ich will mich nur hinter den großen, grünen Gläsern verstecken, die mich selbst im Winter über lange Jahre begleiten werden.

Wenn ich als Domina arbeite, empfinde ich nichts.

»Wie solltest du auch«, sagt das Gewissen, »wenn es dein eigener Tod ist, den du hinausträgst. Du wirst es so lange tun, bis du wieder Platz für eine neue Lebenssaat geschaffen hast.«

Eine neue Saat! Andreas und ich gleiten auseinander. Ein anderer Mann steht schon auf der Schwelle, von dem ich nicht ahne, daß er mein zweiter Zuhälter wird. Ich versuche, Andreas zu halten. Er weicht mir aus. Doch dann steht er nach Monaten vor meiner Tür und will sich mit mir aussprechen. Erzählt mir von der anderen, die er liebt, heiraten will.

»Dann gehe zu ihr.«

Er geht. Ich heule zum hundertsten Mal in meinem Leben. Fühle mich häßlich. Bin nur eine Nutte. Denke viel an ihn. Vergesse ihn. Sieben Jahre später, ich bin längst umgezogen, klingelt nachts mein Telefon:
»Hallo, weißt du wer dran ist?«
»Andreas.« Mir fällt fast der Hörer aus der Hand. Ihn erstaunt mein gutes Stimmengedächtnis.
»Warum hast du mich damals gehenlassen?«
»Wie bitte?«
»Elisabeth, ich habe dich geliebt. Deine alten Nachbarn haben mir gesagt, wie du mit richtigem Namen heißt. So konnte ich dich wiederfinden. Ein Wort von dir damals und ich wäre mit fliegenden Fahnen zu dir übergelaufen.«
»Das habe ich nicht gewußt. Bist du nicht glücklich mit ihr?«
»Anfangs schon. Aber immer warst du unsichtbar dazwischen. Ich war in der Welt. Habe die schönsten Frauen gehabt. Keine war wie du. Wenn ich Patientinnen hatte, die Elisabeth hießen, dann habe ich an dich gedacht.«
»Warum hast du dann überhaupt dergleichen erzählt?«
»Weil ich Angst vor dir hatte. Vor deiner Stärke. Deinen vielen Seiten als Frau, Domina. Du konntest so herrlich albern sein und im nächsten Moment so ernst. Du warst jeden Moment anders. Es war mir zu anstrengend.«
Andreas. Ich traf mich wieder mit ihm. Aber das Verlorene war nicht mehr einzuholen. Ein anderer Mann fällt mir ein. Das war noch in Hamburg. Er war zwanzig Jahre älter als ich. Ich liebte ihn. Er war mein Vaterersatz. Hermann. Bei ihm wollte ich damals bleiben, aber er sprach immer davon, daß er sich erst noch scheiden lassen müsse und ich zu jung für ihn sei. Zehn Jahre später erfuhr ich, daß auch er mich geliebt hatte und heiraten wollte, wenn die Zeit reif ist.
Warum habe ich nie gemerkt, wenn mich ein Mann liebte? Warum hatte ich keine Zeit zum Warten? Wollte ich es nicht sehen? Oder sollte ich es nicht sehen, weil mir das Leben eine

andere Aufgabe gestellt hatte, wie die der Prostitution. Wie ist es möglich, daß man eine schöne Hand hingehalten bekommt, um dann die faule zu nehmen? Weil man nur das erhält, was man ausstrahlt oder ist es die Erziehung des Lebens? Reifeprozeß? Reifeprüfung? Ich weiß es nicht. Weiß nur, daß ich mir oft genug wünsche, eine andere Frau zu sein. Wie meine Freundin zum Beispiel, andere Freundinnen, die verheiratet sind und ganz normal vor sich hinleben. Aber dann wäre ich nicht ich: Nur, was fange ich damit an?

Die Tag-Nacht-Frau

Ich genieße meine Freiheit. Kaufe ein wie verrückt. Kann manchmal kaum die Tüten tragen. Röcke, Kleider, alles, was ein Frauenherz begehrt. Doch da ist etwas, das mir gar nicht bewußt ist. Ich habe immer gern dunkle Farben getragen, weil sie so gut zu meinen Haaren passen, aber jetzt ist alles dunkel, schwarz, braun, grau. Wenn ich ausgehe, endet der letzte Knopf in der Regel unter dem Kinn. Wo ist das Mädchen, die Frau geblieben, die so gern mit Ausschnitten, Schlitzen in Röcken reizte? Feine, zarte Wäsche stapelt sich in meinen Schubladen, aber ich trage ausschließlich alte, billige, baumwollne. Ich besitze schöne Handtücher, Gläser, Geschirr und benutze alte Sachen. Ich gebe vor, alles schonen zu wollen – doch das ist es nicht. Ich fühle mich ganz tief im Inneren für das Gute nicht mehr gut genug. Ich bin dreckig. Make- up, Lidschatten, Lippenstift sind Dinge, die ich nur benutze, wenn ich ausgehe. Hier in meinem kleinen Häuschen laufe ich mit nacktem Gesicht herum und bin nicht die grellgeschminkte Hure. Jeans, zu weite Pullover, Bademantel, das ist meine Arbeitskleidung. Seltsam, ich werde das Gefühl nicht los, daß ich mich vor den Freiern nicht verstecken muß. Daß ich ihnen mein Gesicht zeigen kann. Vielleicht liegt es an der gegenseitigen Ehrlichkeit. Ich weiß, was sie wollen, sie wissen, was ich will. Man kommt sich entgegen. Die dümmliche Anmache in der Disco, dem Café – hier zählt sie nicht.

Am Tag versuche ich Wärme gegen Entgelt zu geben. Nachts suche ich sie in den Lokalen. Lasse mich abschleppen, wie gewohnt, weil ich betrunken bin, nicht nein sagen kann, nicht allein sein will. Lasse mich füllen. Oral, vaginal. Bleibe unerfüllt. Erlebe Männer, die große Sprüche klopfen, wie toll ich bin, die sich aber nach der Ejakulation umdrehen, kaum fähig sind zu einem Gute-Nacht-Kuß. Warum sollten sie auch. Als Frau geht man nicht am ersten Abend mit. Meistens gehe ich noch vor der Morgendämmerung. Ich bin die Tag-Nacht-Frau. Ich ändere meine Taktik. Gebe am ersten Abend nur meine Telefonnummer her. Vielleicht geht es so besser. Es ruft kaum einer jemals an.

Das Saufen hat mich aufgeschwemmt. Ich bin fett geworden und fühle mich noch häßlicher als sonst. Starte einen neuen Selbstmordversuch. Wasser läuft heiß in das Waschbecken, das Fleischmesser liegt bereit, aber als die ersten Blutstropfen fließen, gebe ich aus Feigheit wieder auf. Ich will abnehmen, schlucke Appetitzügler, esse nichts mehr, zittere, friere, habe Schweißausbrüche und klappe endlich zusammen.

Als ich einigermaßen erholt bin, mache ich Urlaub in der Schweiz. Zürich, Genf, Luzern. Ich wohne in den teuersten Hotels. Kann es mir endlich leisten, gehöre aber nicht dazu. Eines Abends lerne ich zum x-ten Male einen Mann kennen. Wir unterhalten uns, lange und gut. Irgendwann kommt die berühmte Frage:

»Was machen Sie beruflich.«

»Ich gehe auf den Strich.«

Seine Kinnlade zuckt. Die Augen werden größer. Er hakt nach. Ich bleibe dabei.

»Haben Sie Lust? Ich zahle gut.«

»Danke, ich bin im Urlaub.«

Stehe auf und gehe. Tage und Nächte gleiten durch mich hindurch, in denen ich ohne Berührung bin. Es tut mir so unendlich gut. Meine Seele tritt leise bei mir ein und streichelt mein fahles, faules Fleisch. Zupft das kranke Herz ein wenig zurecht. Später gesellt sich endlich wieder der Geist hinzu und gemeinsam schmieden wir Pläne.

Entwerfen, verwerfen. Morgen ist auch noch ein Tag. Was

soll geschehen? So kann es nicht weitergehen. Der Strich macht mich immer mehr kaputt. Ich bin noch keine fünfundzwanzig Jahre alt.
»Weshalb machen Sie das eigentlich? Sie wirken intelligent. Haben Sie das nötig?«, fragt mich ein Gast.
»Weil ich mir nur so meine Schulausbildung leisten kann.«
»Sie gehen zur Schule?«
»Ja, morgens von acht bis zwölf Uhr. Ich lerne Spanisch.«
Endlich. Ich habe einen Weg gefunden, der mich nicht mehr als hundertprozentige Hure dastehen läßt. Als ich aus der Schweiz zurückkam, habe ich mich gleich auf der Sprachenschule angemeldet. Das heißt jetzt für mich, morgens um sieben Uhr aufstehen. Mit dem Bus, der S-Bahn zum Marienplatz zu fahren. Während der Fahrt die letzten Schularbeiten machen, Vokabeln lernen, wie damals zu Hause. Spanisch ist eine sehr schöne Sprache, weich und melodisch. Sie liegt mir. Meine Mitschüler leben von wenig Geld und müssen teilweise nebenbei arbeiten. Ich erzähle, daß ich einen reichen Freund habe und es somit nicht nötig habe. Ich bin eine Angeberin. Die Schule bringt wieder etwas Ordnung in meine Verworrenheit. Ich habe fest vor, Fremdsprachenkorrespondentin zu werden. Das Trinken reduziert sich von selbst, das Selbstwertgefühl steigt. Ich bin nachmittags, während ich auf einen Gast warte, beschäftigt. Und ich lese wieder. Nebenbei versuche ich zu dichten. Schreibe meine ersten Märchen und analog dazu Horrorgeschichten. In meinen Märchen suche ich nach Gott, in den anderen Geschichten ermorde ich Männer.
Noch eines ist wichtig für mich. Ich glaube, daß mich die Damen vom Stadtanzeiger jetzt mit anderen Augen sehen, nachdem ich ihnen von der Schule, meinem Ziel erzählt habe. Immer ist es mir unangenehm gewesen, dort hinzugehen. Besonders das erste Mal. Ich war unsicher, wußte kaum, was und vor allem wie ich es sagen soll. Druckste herum, daß ich eine Anzeige unter der Rubrik Modell/Hosteß aufgeben möchte.

»Also, Sie sind Modell«, eine Feststellung. Prüfend, unverhohlen neugierig lastete der Blick der Sachbearbeiterin auf mir. An was, worüber mochte sie und ihre Kollegin jedesmal über mich, die anderen Frauen nachdenken:
»Die verdient ihr Geld leichter als ich.«
»Warum gerade sie.«
»Sie ist nett.«
»Daß mit der noch einer für Geld ins Bett steigt.«
»Wie sieht die denn aus.«
Ich bin großzügig. Schiebe manchen Schein über den Tisch. Nutten sind großzügig. Weil sie ihr Geld so leicht verdienen? So leicht ist es nicht, es sei denn, die Haut ist dick. Es wird wohl der unbewußte Versuch der Reinwaschung sein. Die Bitte, der stumme Schrei:
»Sieh mich nicht so an. Ich bin nicht so schlecht, wie du denkst. Mein Herz ist verletzbar, wie das deinige.«
Endlich bin ich weniger unsicher, wenn ich hingehe. Ich habe ein Alibi. Es bügelt mein Ego. Daß ich nobel bleibe, versteht sich von selbst. Wie gewonnen so zerronnen. Wieviele Widersprüche liegen hier beisammen.
Meine Haut wird immer dünner, schält, blättert sich. Ich beginne ängstlich zu werden. Bekomme Angst vor der Dunkelheit. Höre nachts Schritte vor dem Haus. Zucke bei jedem fremden Geräusch zusammen. Das Klingeln des Telefons zerreißt oft mein Trommelfell. Wer mag das jetzt wieder sein? Ein echter Interessent oder wieder einer, der mich beschimpfen will?
In diese Zeit tritt verstärkt der neue Mann. Sein Fuß steht schon über der Hausschwelle. Er heißt auch Andreas. Was für ein Unterschied zu meinem anderen Andreas. Er ist fett. Trägt unmoderne Kleidung. Die Pullover sind immer zu eng und zeichnen den Bauch noch deutlicher ab. Die Hosen zu weit, der Schritt in den Kniekehlen. Ich finde ihn ekelhaft. Meine innere Stimme warnt mich. Ich höre nicht auf sie, weil er

zuhören kann. Stundenlang. Andreas will nichts von mir. Weder Geld noch Liebe. Mein Nachbar warnt mich. Doch ich sehe nicht hin. Denke an seine Anständigkeit. Versuche nicht nach dem Aussehen zu gehen. Er wird dick in mir. Breitet sich aus. Spinnt mich ein. Erzählt, als ich ihm vertrauter bin, daß seine Freundin Callgirl war und ermordet worden ist.
»Elisabeth, wache auf.«
Elisabeth läßt sich einschläfern.
Der Sommer versucht sich festzuhalten an einem seidenen Faden. Spinnenhaft. Zart. Doch der Herbst ist stärker. Behauptet sich fordernd. Webt ununterbrochen an seinem bunten Band. In diese Zeit fällt Cäsars Tod. Auf dem Feld, neben der Straße, finde ich ihn. Die Ahnung hat mich getrieben, weil er nachts nicht nach Hause gekommen ist. Da war schon das Wissen von seinem Tod. Hier wird es bestätigt, mit seinem Kiefer, der ohne Halt, klaffend ist. Mit Augen, die das Auto herausgequetscht haben. Cäsar, das Erbe von Hansi, mein geliebter Kater, er lebt nicht mehr.

Der Herbst, das ist das Rauschen im Münchner Zeitungsblätterwald. Es wird zur Nuttenhatz geblasen. Eine Sperrgebietsverordnung soll erlassen werden. Wird es mich betreffen? Andreas und mein Nachbar denken nein, weil ich hier nun wirklich niemanden störe.
Der Übergang vom Herbst zum Winter, das ist das Ende der Schule. Ich mag den Lehrer nicht, gebe ich als Grund an. Ich habe versagt, ist der echte. Es ist der Anfang von Andreas.
Erneute Weihnacht. Zu Hause. Bei der Mutter, dem Bruder.
»Kind, geht es dir gut? Du siehst müde aus.«
»Ja, Mama, es geht mir gut. Ich habe dieses Jahr nur so viel gearbeitet.«

Ich sitze in einem Amtsgebäude der Stadt München an der Maximilianstraße und bin verzweifelt; mir gegenüber ein hö-

herer Beamter. Zwischen uns, auf seinem Schreibtisch, liegt mein Stadtplan.
»Es tut mir leid für Sie, aber ich kann Ihnen nicht helfen.«
»Aber verstehen Sie denn nicht, genau das, was die Stadt München mit der Sperrgebietsverordnung bezwecken will, trifft bei mir nicht zu.«
Seit dem ersten Januar ist die neue Sperrgebietsverordnung durch und hat mich natürlich auch getroffen. Wie hätte es anders sein können. Ich habe eben immer Pech. Der Beamte und ich diskutieren seit ungefähr einer halben Stunde und kommen keinen Millimeter weiter. Werden wir auch nicht. Er redet von Gesetzen, Paragraphen, persönlichem Pech. Schlägt mir vor, daß ich mir einen Anwalt nehme. Der Weg liegt bereits hinter mir. Der Spaß hätte mich ein kleines Vermögen gekostet und ich garantiert verloren. Der Anwalt war ehrlich, hat mir gesagt, daß ich nicht recht bekommen würde. Wie sollte ich auch. Nutten haben keine Rechte. Man benutzt sie. Das ist alles. Ich starte einen letzten Versuch.
»Wenn mein Hauseingang um die Ecke liegen würde, dann wäre ich nicht mehr im Sperrgebiet. Ist es wirklich notwendig, so kleinlich zu sein?«
»Ich habe das Gesetz nicht veranlaßt.«
»Wenn Sie von vornherein wußten, daß Sie mir nicht helfen können, warum haben Sie mich dann überhaupt angehört?«
»Weil es meine Pflicht ist.«
Ich stehe auf. Mühsam beherrscht. Denke im stillen:
»Du Waschlappen. Was weißt denn du, außer daß du ein sicheres Einkommen hast? Was kennst du, außer deiner Pflicht, deinen Paragraphen? Ausnahmen gibt es nicht. Buchstabentreue – so entstehen Ideologien. Buchstabentreue – das heißt Eigenverantwortung abwälzen.« Laut sage ich:
»Ich danke Ihnen trotzdem.«
Ich bin die Wut, die Hilflosigkeit. Mein Gehirn ist die Grube, in der es hämmert: Sperrgebiet, Sperrgebiet. Das ist Unrecht.

Die Stadt München wollte mit diesem Erlaß Ordnung schaffen. Wollte Bürger davor bewahren, daß die Huren Unruhe in ihre Häuser tragen. Ausschalten, daß Freier sich ungebührlich benehmen, sei es, daß sie betrunken grölen, mit Autotüren zu nachtschlafender Stunde knallen. Muttis und ihre Kinder davor schützen, daß sie Freier im Treppenhaus warten sehen. Und einen besseren Überblick durch die Eindämmung erhalten. So habe ich es unter anderem in den Zeitungen gelesen. Das kann ich alles verstehen, aber mein Haus liegt am Stadtrand. Ich habe keine weiteren Nachbarn und bin immer ruhig. Trotzdem, ich störe. Ich muß mir eine neue Bleibe suchen. Es gibt in München noch genügend offenes Gebiet. Wohngebiete. Dahin werde ich jetzt gehen. Scheißstadt. Was die bessere Übersicht anbelangt, bin ich mir sicher, daß sie nicht viel erreichen werden. Es geschehen so viele Dinge im Verborgenen, warum nicht auch das. Dieses uralte menschliche Gewerbe ist nicht auszurotten. Wer anders darüber denkt, macht sich etwas vor.
Der Gesetzgeber hat einen Strich unter meinen Strich gezogen. Ich darf nicht mehr tätig sein. Will es auch nicht mehr, weil ich Angst habe, erwischt zu werden. Andreas sieht es anders: »Die können dir nur etwas nachweisen, wenn sie zu zweit sind.«
»Das werden sie auch sein.«
»Das Haus ist übersichtlich. Ich passe auf.«
»Ich werde erwischt.«
Ich mache weiter und habe ein ungutes Gefühl. Bei jedem Fremden bin ich unruhig. Der Schweiß perlt. Meine Gedanken entziehen sich den Gespräche mit den Gästen. Und dann ist es so weit. Ich werde erwischt. Es ging alles so schnell, daß ich heute nicht einmal mehr weiß, wie es geschehen konnte. Erst war einer da, dann der wichtige zweite und Andreas nicht auf der Hut. Meine Personalien werden aufgenommen. Ich sehe, wie sie sich über ihr Erfolgserlebnis freuen, sehe geistig,

wie Andreas im Nebenzimmer auf seinem fetten Hintern hockt und sich nicht raustraut. Mann! Männer! Blitzartig tauchen Gedanken auf, was für Menschen das sind, die für den Staat losziehen und die Sitte verkörpern. Idealisten? Winnetous mit einem ganz kleinen Pimmel? Auf jeden Fall fühlen sie sich im Recht. Wird schon recht sein. Ich bin jetzt auf jeden Fall eine Vorbestrafte, wegen Prostitution im Sperrgebiet.
»Mei, Elisabeth«, sagt Andreas später zu mir, »so schlimm ist das auch nicht. Passiert anderen auch.«
»Du kannst leicht reden. Dir ist es ja auch nicht passiert.«
Haß steigt in mir hoch. Gegen ihn. Noch mehr, weil mir in diesem Augenblick bewußt wird, daß ich mich ihm ausgeliefert habe und nicht weiß, wie ich davonkommen soll. Den Gedanken auszusteigen, schiebe ich weit von mir. Ich bin geldgeil. »Dann mußt du durch«, sagt es wieder von innen heraus. »Mit allen Konsequenzen.«
Die erste liegt schon hinter mir, als ich ihm sexuell nachgegeben habe. Andreas ist eben auch kein Heiliger. Hat mich begehrt und ich im Suff nachgegeben. Er war widerlich, der fette, käsige Körper ohne Bekleidung. Pfui Teufel. Das Geächze und Gestöhne, wie von einem kurzatmigen Menschen zu hören, die Lippen zu spüren, hinter denen ich die ungepflegten Zähne weiß. Wieder empfinde ich den Ekel, die Qual, das Altvertraute. Dieses Verhaltensmuster ändert sich nicht mehr. Ist keine Übung bis zur Gewöhnung.
Warum ich es zugelassen habe? Weil ich nur noch ein Angstbündel bin. Eine Versagerin. Ich brauche eine neue Wohnung. Weiß nicht, wie ich es bewerkstelligen soll. Andreas weiß, wie er mich nehmen muß. Er baut mich auf und sagt mir Sekunden später, daß ich dumm und blöde bin und nichts kann. Ich bin so weit, daß ich mir nichts mehr zutraue. Ich habe keine Freundin mehr in München. Ich bin allein, schrecklich allein.
Zwei Monate bin ich noch im Haus. Das Ersparte schwindet.

Ein kleines Kätzchen läuft mir die letzten Tage über den Weg. Es ist Liebe von beiden Seiten. Das Abschiedsgeschenk von dem Wohnviertel, in dem ich gern war.

Ich schließe leise die Wohnungstür zu meinem Appartment. Gehe über den kleinen Flur in das spärlich eingerichtete Zimmer. Es liegt im Halbdunkel der Jalousien. Dahinter scheint die Sonne. Ich lasse sie draußen. Immer. Ich will nicht, daß sie mich sieht, weil ich etwas zu verbergen habe. Mich selbst, weil ich als Callgirl in einem Wohnhaus tätig bin und lebe.
Seit einem guten halben Jahr bin ich nun hier und kann mich einfach nicht an den Umstand gewöhnen, daß die Nachbarn mein Tun mitbekommen. Ich merke es daran, daß Nachbarn ihre Gespräche abrupt abbrechen, wenn ich komme – sehe die musternden, unverhohlen neugierigen Blicke – spüre, daß sie mir nachstarren, empfinde es, als bohrten sich Dolchstiche bis in das Innere meines Herzens. Mit meinen beiden Nachbarn rechts vom Gartenzaun unterhalte ich mich manchmal. Sie sind nett, aber auch in ihren Augen steht die unausgesprochene Frage: »Bist du eine oder nicht?« Ab und zu trinken wir gemeinsam im Garten Wein. Jedesmal rutsche ich tief in mich hinein, wenn ich sehe, daß ein Freier bei mir klingelt. Noch mehr, wenn ich ihn kenne und die Runde verlassen muß, um meinem Geschäft nachzugehen. Was werden sie in diesen Momenten über mich sagen? Bestimmt, was sie ahnen. Es ist nur natürlich. Ich würde es auch nicht anders machen. Irgendwann wird mir die Geheimnistuerei lästig:
»Also gut, Karl und Heribert, ihr habt recht, mit dem was ihr denkt. Ich bin Callgirl.«
»Also doch. Wir haben es von Anfang an vermutet. Bei den ganzen Männern die bei dir ein- und ausgehen. Ständig fährst du mit der Taxe. Aber vorstellen konnten wir es uns eigentlich doch nicht.«
»Warum nicht?«

»Deine Sprache«, antwortet Karl, »paßt nicht zu deinem Beruf. Du liest viel. Bist gut informiert und läufst in ganz normalen Klamotten herum.«
»Danke. Und was ist jetzt? Nachdem ihr es ganz genau wißt? Darf ich noch zu euch kommen?«
»Na klar«, kommt es jovial, »du scheinst anders zu sein als deine Kolleginnen«.
Karl. Heribert. Ich bin erleichtert und froh, daß sie mich nicht ablehnen. Zwischen uns entwickelt sich im Laufe der Zeit ein gutes Verhältnis. Was ist mit den anderen? Da ist noch das Hausmeisterehepaar. Die Frau gefällt mir. Sie wirkt ruhig, ein wenig unsicher und sie hat gute Augen. Ich ahne nicht, daß sie meine beste Freundin werden wird. Marina. Ihr Mann ist das, was man einen kracherten Bayern nennt. Er wird mir noch so manchen Abend den Kopf waschen, wenn ich in meinem Selbstmitleid zerfließe. Das ist seine Art, mir zu helfen, mit meinem Ausstieg fertig zu werden. Dann gibt es noch die Frau, die mir gegenüber wohnt. Ingrid. Sie ist offen, intelligent. In ihrem Gesicht spiegelt sich keine Verachtung. In die Gesichter der restlichen Belegschaft möchte ich jedesmal kotzen und speien, weil sie mich ablehnen, verurteilen, ohne daß sie mir und sich selbst die Chance geben, daß wir einander kennenlernen.
Die Enge des Appartments schnürt meinen Atem ein. Noch quälender ist die Tatsache, daß Andreas ständig da ist. Er ist der Typ von Zuhälter, der sich hinter der eingebauten Schrankwand versteckt. Der die Schiebetür auf- und zuzieht, um an der Tür zu lauschen. Zwischendurch zum Klo geht und die Spülung zieht.
»Ist noch jemand hier?«, werde ich oft von Gästen gefragt. Ich sehe das unruhige Flackern in ihren Augen, ihre Sprungbereitschaft. Denke: »Du hast recht.« Sage:
»Es ist schlimm. Dieses Haus ist so hellhörig.«
Was soll ich sonst sagen. Ständig liegt er faul im Bett. Klingelt

es an der Tür, verräume ich in Windeseile das Bettzeug, seine Schuhe und was sonst noch von ihm herumliegt. Stehe zwei Minuten später lächelnd in der Tür und innerlich koche ich über vor Wut. Er ist der Anlaß, daß ich Stehlampen zerschlage, immer wieder das Telefon an die Wand knalle, bis es kaputt ist, weil ich unter diesen Umständen nicht arbeiten kann und will. Andreas geht trotzdem nicht. Seine Ruhe ist mörderisch. Ich reiße Schubladen heraus und schütte ihren Inhalt auf den Fußboden. Werfe Töpfe mit Wasser oder Suppe, Zuckerschüsseln durch das Zimmer. Einfach alles, was zwischen meine Finger kommt. Andreas geht nicht. Ich schreie ihn an: du mieser Zuhälter, du fettes Schwein. Er bleibt.

»Andreas, bitte, kannst du nicht endlich zu dir nach Hause gehen? Ich ertrage dich hier nicht mehr. Ich habe dich überhaupt noch nie ertragen.«

»Du redest schon wieder dummes Zeug. Ich bleibe hier, weil ich dich beschützen muß.«

Beschützen. Aber wo ist er, als ein Freier mit dem Messer auf mich losgeht und ich mich nur durch meine eigene Wendigkeit retten kann? Wo ist er, als ich die Polizei nach dem Überfall in meine Wohnung rufe, weil ein Callgirl-Mörder in München sein Unwesen treibt und wir zu diesem Handeln aufgefordert worden sind? Ich ihre dumme Frage parieren muß:

»Was sagt Ihnen denn, daß er Sie umbringen wollte?«

»Glauben Sie, daß er zum Kartoffelschälen hergekommen ist?«

Wo ist er, als ich kurze Zeit später die ganze Nacht von einem Freier bei einem Hausbesuch vergewaltigt werde? Sicher, er hat dafür teuer in Scheinen bezahlen müssen, aber es hat meine verwundete Seele nicht gekittet.

Einen Vorteil haben die Geschehnisse. Andreas kommt weniger, endlich gar nicht mehr. Wir sehen uns nur noch, wenn die Geldübergabe stattfindet. Er bekommt seinen Anteil, weil

er mein Zuhälter ist und meinen, daß er ihn für mich anlegt. Wo legt er ihn an?
»Wir sind jetzt bald über ein Jahr zusammen. Nie sagst du mir, wo mein Geld ist. Ich weiß von keiner Bank. Ich weiß von nichts«, spreche ich ihn eines Tages wieder an.
»Es ist gut, wenn du nicht so viel weißt.«
»Und wenn dir etwas passiert? Was mache ich dann?«
»Mir passiert nichts.«
»Nein, leider nicht. Ich wünschte aber, daß du tödlich verunglückst, weil du genau wie Hansi bist. Aber Hansi war schön. Du bist fett und häßlich. Hansi hat mir in dem Sinne nichts vorgemacht.
»Hansi«, kommt es verächtlich von Andreas, »ich bin nicht wie er. Ich bin ehrlich und zuverlässig.«
Das Thema verläuft wie üblich im Sande. Einerseits bin ich mißtrauisch. Die alten Freunde, die neuen, alle raten mir, mich um mein Geld selbst zu kümmern. Auf der anderen Seite sehe ich Andreas Umfeld. Seine Mutter ist reich. Ich kenne sie. Er hat eine kleine Firma gehabt, sie aufgegeben und will sich eine neue aufbauen. Kann so einer unehrlich sein? Ich kann es einfach nicht glauben. Will es wohl auch gar nicht. Schiebe die Zweifel immer wieder zur Seite.
Warum hört man so wenig auf seine innere Stimme? Sie hat immer recht, wenn man nach einer verfahrenen Situation darüber nachdenkt. Es liegt daran, daß wir kaum fähig sind, sie von der anderen zu unterscheiden. Sie reden beide, gleich laut oder leise. Mal ist die eine Stimme lauter, die andere leiser und dann wieder umgekehrt. Nach welcher soll man sich in der Situation des Augenblicks richten? Nehmen wir uns zu wenig ernst oder zu wichtig? Ist es eine Kraftprobe, eine Grenzabsteckung, um zu wissen, wie weit man gehen kann? Um Erfahrungen zu sammeln, damit eines Tages ein anderer Mensch Rat empfangen kann? Um ihn vor einem ähnlichen Schicksal bewahren zu können? Es ist aber fast unmöglich,

einen Menschen zu bewahren. Jeder muß seinen eigenen Weg gehen. Egal wie bitter er ist. Jede Münze hat zwei Seiten. Wo tritt das klarer zutage als hier.

Meine Augen begegnen den Augen von Dieter, die mich klar und ernst ansehen.
»Bleibe bei mir. Gehe nicht mehr fort. Elisabeth, ich liebe dich.«
Seine Worte fliegen auf Libellenflügeln an mein Herz. Verschaffen sich Einlaß, verbreiten Licht und Wärme.
»Elisabeth, warum sagst du nichts?«
Ich hebe meinen Kopf aus seinem Schoß, in den ich ihn knienderweise eingebettet habe. Eine Haltung, die ich erst Jahre später bei einem anderen Mann wieder einnehmen werde. Bei Heinz S.
»Was willst du mit einer Hure?«
Dieter – das war vor Stunden ein Freier wie jeder andere, als er mich zu einem Hausbesuch eingeladen hatte. Eine knappe Stunde später Begegnung, Verharren, Stillstand zweier Augenblicke. Von beiden Seiten hörbares Schlucken, Aufreißen der Augen. Unsicherheit, weiches Lächeln. Blitzartig registriere ich sein Aussehen: groß, schlank, braungebrannt, schwarzhaarig. Er sieht aus wie ein Filmstar. Fast wie Alain Delon.
Wir sitzen weit auseinander. Unterhalten uns über alles mögliche. Ich vermeide es, auf den geschäftlichen Part zu kommen, weil ich den Zauber, der auf uns ruht, nicht zerbrechen will. Irgendwann tue ich es dann doch. Leise, zaghaft. Das Geld wandert über den Tisch. Mehr, als vereinbart. Es überrascht mich nicht. So ist es fast immer. Ich gehöre zu den Huren, die keine Forderungen im finanziellen mehr stellen, wenn sie einmal mit dem Mann im Bett liegen. Es wird getan, was vorher ausgemacht worden ist. Dadurch erspare ich mir Ärger und Aggressionen. Möchte einer doch mehr, steht er meistens freiwillig auf und zieht die Geldbörse. Der Rest geht

über Vertrauen – ich werde nie enttäuscht. Nach diesem Abend nehme ich nie wieder Geld von Dieter.
Im Bett finden Körper zusammen, die sich verstehen. Hände gleiten sanft von Haut zu Haut. Lippen singen das Lied der Zärtlichkeit. Ich bin das Erwachen nach Monaten des körperlichen Todes. Hier finde ich mich wieder. Hier schlafe ich ohne Schutzmittel.
»Was soll mir die Hure, wenn ich dich liebe?«
»Dieter, ich kann nicht«, kommt es stockend aus mir heraus.
»Hast du einen Zuhälter?«
»Nein, nein, das ist es nicht«, antworte ich. Vermeide es, ihm in die Augen zu sehen. »Du lügst«, kommt es einmal wieder von innen heraus.
»Was dann? Du brauchtest nicht mehr zu arbeiten. Ich sorge für dich.«
»Dieter, bitte, quäle mich nicht. Ich liebe dich auch, aber ich kann nicht. Bitte, rufe mir ein Taxi.«
»Kommst du wieder?«
»Ja.«
Bis das Taxi kommt, haben wir noch Zeit füreinander. Wir stehen eng zusammengeschmiegt. Wünschen wohl beide, daß die Zeit einstürzt. Dann ist der Wagen da. Ich muß fahren. Die Fahrt geht mir zu schnell, weil sie meinen Gedankenfluß um Dieter unterbricht. Andreas wartet. Was fange ich gerade heute abend mit ihm an?
»Du kommst spät, Elisabeth«, begrüßt mich Andreas.
»Daß du einfach nicht verrecken kannst.«
Ich lege mich ins Bett. Schüttel mich, als er sich dazulegt. Wie automatisiert drehe ich mich zur Wand, rücke immer näher zu ihr hin. Ich bin ganz still. Noch leiser sind die Tränen.
Dieter – das ist gestohlenes Stundenglück, Überschwang der Gefühle, das allmähliche Verlieren der Angst, wenn ein Mann meinen Busen berührt. Dieter ist kuscheln, anschmiegen, Geborgenheit. Jeder Freier trägt sein Gesicht. Er ist die Hoffnung,

weil er den Ausstieg nach fast vier Jahren Strich möglich macht. Die Verzweiflung, weil ich nicht weiß, wie ich Andreas sagen soll, daß ich zu Dieter gehen will. Meine Freunde raten mir, auf Dieters Angebot einzugehen. Ebenso Anja, die einzige Freundin aus dem horizontalen Gewerbe. Ich habe sie durch Andreas kennengelernt. Dieter weiß inzwischen, daß ich einen »Freund« habe. Es hindert ihn nicht, mich weiterhin zu fragen, wann ich endlich zu ihm komme. Aber was ist mit Andreas? Nun, er nimmt mir die Entscheidung ab:

»Ich weiß, daß du einen Freund hast.«

»Ach, ja?«, kommt es unsicher von mir.

»Ja.«

»Stimmt nicht«, leugne ich.

»Gib dir keine Mühe, es vertuschen zu wollen. Ich habe dich überwachen lassen.«

Er spuckt seinen Namen, Adresse, Telefonnummer raus.

»Fein, du alter Freßsack«, reagiere ich trotzig, »dann weißt du also Bescheid. Soll ich dir noch etwas sagen? Ich gehe zu ihm und mache endlich Schluß mit diesem Scheißjob.«

Andreas erhebt sich aus dem Sessel. Kommt auf mich zu. Ganz ruhig. Breit. Drohend. Baut sich vor mir auf:

»Wenn du das tust, sorge ich dafür, daß ihr München verlassen müßt.«

Angst kriecht in mir hoch. Dieter, ich darf das nicht zulassen. Ich muß ihn schützen. Ihm darf um meinetwillen nichts passieren, durchsaust es mich.

»Elisabeth«, flüstert es unendlich zart von innen, »laß dich nicht einschüchtern. Er hat dich nicht überwachen lassen. Anja hat es ihm erzählt.«

»Glaubst du wirklich«, frage ich ebenso leise zurück.

»Überlege doch einmal logisch. Was erzählt sie dir alles von anderen Menschen. Plaudert deren Geheimnisse aus. Vor allem, wenn sie betrunken ist.«

»Ich weiß nicht«, antworte ich, »und wenn er es ernst meint?«

»Kannst du immer noch zur Polizei gehen.«
Andreas Stimme zerreißt mein Sekundendenken:
»Haben wir uns verstanden?«
»Ja.«
Ich frage Anja, ob sie Andreas etwas erzählt hat. Das hätte ich mir ersparen können. Unsere Freundschaft dauert noch eine Weile, dann läßt sie mich fallen wie eine heiße Kartoffel.

Noch eine Stufe tiefer gefallen

Meine Träume, mit Dieter ein neues Leben zu beginnen, werden porös im Alltagsgeschehen. Die Drohung von Andreas hängt wie das Damokles-Schwert über mir. Ich saufe wieder maßlos. Tue etwas, wofür ich mich heute noch schäme. Ständig rufe ich bei Dieter an. Wenn er den Hörer abnimmt, lege ich auf. Eine Fangschaltung beendet meinen Terror. Dieter fragt nach dem Warum. Ich weiß keine Antwort. Er verzeiht mir. Mein Gott, wie muß mich dieser Mann geliebt haben. Dann werde ich wieder krank. Ich bin oft krank. Immer ist es der Unterleib. Als würde er sich dadurch gegen das Geschehen wehren wollen. Dieter geht dem Ende entgegen. In einigen Monaten wird es so weit sein. Ein neues Aus kommt eher auf mich zu: die Nuttenjäger gehen wieder auf die Pirsch. Allen voran ein gestriegelter, eleganter Herr mit Schnauzbart. Ich glaube, daß dieser Mensch einmal ein unerfreuliches Erlebnis mit einer Frau oder Hure hatte. Wie sonst sollte so viel Energie möglich sein, anderen den Spaß oder das Geschäft zu verderben.

Ich bin knapp zwei Jahre in meiner neuen Bleibe und wieder wird mir eine neue Sperrgebietsverordnung meine Existenz nehmen. Warum? Ich begreife es nicht. Noch weniger, weil ich mittlerweile auch Steuern bezahle. Zugegeben, ich tue es unfreiwillig, weil ich von einem Neider oder Freier beim Finanzamt hingehängt worden bin. Die Steuerfahnder haben mich aufgeklärt, daß Prostituierte in diesem Land steuerpflichtig sind. Im Gegensatz zu Andreas, der auf meine diesbezüglichen Fragen immer mit einem Nein geantwortet hat. Auf die Idee, mich selbst zu erkundigen, bin ich zwar gekommen, habe sie aber nie ausgeführt.

Wieder gehe ich zum Regierungssitz in der Maximilianstraße. Frage den Beamten, einen anderen als damals:
»Ich zahle Krankenkasse, meine Rentenversicherung und Steuern. Habe ich eigentlich gar keine Rechte?«
»Wir sind nicht zuständig für das, was das Finanzamt tut.«
Ich gehe zum Finanzamt:
»Wieso muß ich Steuern zahlen, wenn ich als Hure keine Rechte habe? Der Staat macht mir zum zweitenmal meine Existenz kaputt, aber ich muß Steuern zahlen. Bin sogar verurteilt worden wegen Steuerhinterziehung. Warum ist das so?«
»Wir sind nicht für die Sperrgebietsverordnung verantwortlich.«
Mein Vaterland ist ein Land, in dem man sich gegenseitig die Bälle der Nicht-Verantwortung für die Huren zuspielt. Die Hure ist es, die es ausbaden darf. Sie hat Pflichten zu erfüllen in puncto Steuern, aber nichtbezahlter Liebeslohn ist nicht einklagbar. Die Gesetze in diesem Land stehen auf Bocksfüßen und tragen Janusgesichter. Für dieses Land kann ich keine Achtung empfinden. Es ist mir zu scheinheilig.
Diesmal ziehe ich nicht um, sondern fange an über Agenturen zu arbeiten. Es ist nicht das schlechteste. Ich komme rum in München: Oper, Theater, Nobelhotels, Luxusrestaurants. Winterurlaub in Lenzerheide, Opernfestspiele in Verona, Hausbesuche.
Mein Vater stirbt an Krebs. Kurz zuvor hatten wir uns erst nach langen Jahren der Kontaktlosigkeit wieder versöhnt.
»Papa«, hatte ich ihn als siebzehnjähriges Mädchen gefragt, »warum zahlst du eigentlich deine Alimente für uns so unregelmäßig?«
»Weil ich nicht eure melkende Kuh bin.«
Das hat er mir gesagt. Mitten ins Gesicht. Er, den ich über alles liebte. Danach hatte er meinen Haß. Ich wußte, daß er darunter litt, daß ich ihn verworfen hatte. Genau wie ich, aber ich war zu stolz, es zuzugeben. Außerdem fühlte ich mich

meiner Mutter gegenüber verpflichtet, weil sie ihr Geld so sauer verdiente. Jetzt ist er tot. Nie werde ich das Bild der zerbrechlichen gläsernen Puppe, die der Krebs aus ihm gemacht hat, vergessen. Ich bin tief erschüttert. Mir wird klar, daß seine Äußerung damals wohl unbedacht gewesen ist. Ein schlechter Tag, den wir alle einmal haben. Aber, verdammt noch einmal, er hat unregelmäßig bezahlt. Er hat es gesagt. Vater, mein Vater, der geliebte, gehaßte ist tot. Ich muß mich ablenken und mache Urlaub auf Korsika. Mit Andreas. Er ist kein Trost in meiner Trostlosigkeit.
Die Auseinandersetzungen mit Andreas steigern sich ins Unerträgliche. Eines Abends bin ich rasend vor Wut. Reiße ein Fleischmesser aus der Schublade und renne damit auf ihn zu. Im letzten Moment stoppe ich ab. Greife zum Telefonhörer und rufe meine Mutter an:
»Mama, Mama, ich gehe für diesen Pisser nicht mehr auf den Strich!«
»Kind, was sagst du?«
»Genau das. Ich habe dich angelogen. All die Jahre. Ich habe kein Lokal, das ich führe. Ich bin eine Nutte.«
Meine Mutter ist entsetzt. Ich merke es an ihrer Reaktion. Sie will nach München kommen. Sofort. Mit dem nächsten Flugzeug. Ich könnte mich selbst ohrfeigen, daß ich auf Grund meiner eigenen Unzulänglichkeit so rücksichtslos zu ihr gewesen bin. Ich wollte sie schützen, und jetzt hat sie mit Gewalt die Wahrheit erfahren. Hinzu kommt, daß sie Andreas kennt und mag. Während des Telefongesprächs mit ihr verraucht mein Zorn. Ich kann sie überreden, nicht zu kommen. Sie kann ja doch nicht helfen. Wie muß dieser Frau danach zumute sein? Ob sie in dieser Nacht weint? Ich habe sie außer damals, als ich die Eheszene mitbekommen habe, nie wieder weinen sehen. Ob sie sich schuldig fühlt, weil sie denkt, daß sie versagt hat? Ja, das tut sie. Sagt es mir in so vielen folgenden Gesprächen. Meine Mutter ist der Typ von Mensch, der Fehler

immer zuerst bei sich sucht. Sie ist aber nicht schuldig. Ich bin ganz allein für mein Tun verantwortlich. Aber wie soll man das einer Mutter klarmachen? Mütter sehen ihre Kinder immer mit den Augen der allumfassenden Liebe und des Beschützen-Wollens. Das muß wohl so sein, damit eine letzte Festung offenbleibt, wenn man von allen anderen verlassen worden ist.

Ich bin auf Andreas mit dem Messer losgegangen. Das heißt, daß ich fähig sein müßte, einen Mord zu begehen. Wenn auch im Affekt. Jeder Mensch ist eines Mordes fähig, wenn man den richtigen Knopf drückt. Oder täusche ich mich? Schließe nur von mir auf andere, um das beinahe Geschehene in ein anderes Licht zu setzen.

Wieder einmal will ich mein Leben beenden. Bereite meinen dritten Selbstmordversuch vor. Fahre von Arztpraxis zu Arztpraxis. Überall das gleiche:

»Herr Doktor, ich schlafe in der letzten Zeit so schlecht. Können Sie mir bitte etwas aufschreiben? Valium? 10 mg?«

Es ist erstaunlich, wie jeder Arzt ganz selbstverständlich den Rezeptblock zückt und das Gewünschte aufschreibt. Keiner von ihnen hat mich je zuvor gesehen. Keiner fragt, ob ich seelische Probleme habe.

Innerhalb weniger Tage habe ich einhundert Valium im Haus. Ich löse sie in Wodka auf. Nippe daran. Es schmeckt scheußlich.

»Trinke, du dreckige Hure, trinke«, rät mir eine innere Stimme. »Du bist nichts weiter als ein ausgedientes Wrack. Du bist vorbestraft. Du taugst nichts. Du bist häßlich. Wer würde dich noch wollen. Trinke, trinke endlich.«

Ich nippe wieder. Die gleiche Bitterkeit schmeckt mir entgegen. Ich zaudere. Der Kater streift um meine Beine.

»Willst du deinen Kater alleinlassen? Er braucht dich. Deine Mutter, wie soll sie damit fertig werden?«, diese innere Stimme ist ganz sanft. Wie ein Streicheln.

»Sie wird es überleben. Für den Kater findet sich jemand. Keiner liebt mich.«
»Elisabeth, du hast viele Freunde. Alle lieben und brauchen dich.«
»Die Freier?«
»Die und die anderen.«
»Ich habe keinen Bock mehr. Ich will nicht mehr leben.«
»Elisabeth«, diesmal ist die Stimme laut und mahnend, »versündige dich nicht an Gott«.
Das scheint mich zu überzeugen und die altgewohnte Feigheit. Ich schütte das Teufelszeug in den Ausguß. Doch es gärt in mir. Ich schreie nach Gott. Frage, wo er sich versteckt und warum er mir das alles antut. Lästere gegen ihn. Bettel und flehe um eine Antwort. Gott schweigt. Entzieht sich mir. Das ist natürlich. Ich bin eine Hure.
»Elisabeth, du redest dir Blödsinn ein. Gott hat keine Emotionen, so wie du dir das vorstellst.«
»Und wo ist er dann, du allwissende Stimme? Ewig redest du auf mich ein. Erzählst mir dieses und jenes, und wenn ich es genau wissen will, dann schweigst du.«
So ist es auch jetzt wieder, als ich weiter versuche, in mich hineinzuhorchen. Auf der Suche nach einer Antwort für mich. Mein Gott, mein Gott, was soll ich tun?
Andreas und ich sind fast vier Jahre zusammen, als ich noch einmal nach meinem Geld frage. Er sieht mich an. Lächelt: »Mäuschen, ich habe es alles verspielt.«

Die Suche nach dem Ausstieg

Ich drehe durch. Weine, heule, schreie, habe hysterische Anfälle. Nach sechs Jahren Strich, mit knapp neunundzwanzig Jahren, stehe ich wieder vor dem Nichts. Ganz sanft fangen mich meine bürgerlichen Freunde auf. Ständig ist jemand da, wird nach mir geschaut, weil sie Angst um mich haben. Wenigstens geht Andreas für immer weg. Wahrscheinlich hat er eine Neue. Ist sie der Grund, weshalb er mich so brutal vor die Wirklichkeit gestellt hat? Ich will versuchen, ihm gegenüber gerecht zu bleiben. Meine persönlichen Wünsche habe ich mir immer erfüllen können. Und Schuld an meiner Misere bin ich selbst. Durch mein anfängliches Vertrauen, Mißachtung der inneren Stimme, meiner Angst, meiner Gier nach Reichtum, habe ich ihm Macht über mich eingeräumt. Ich habe das Schicksal, das ich verdient habe.
Wie kommt das Krebsgeschwür Zuhälter überhaupt zustande? Einmal ist es die Frau selbst, die sich aus falschverstandener Liebe für einen Mann prostituiert. Dann gibt es die anderen Frauen, die durch Prügel und Drohungen auf den Strich geschickt werden, um dort unterzugehen. Wie ist das möglich? Ich könnte mir vorstellen, daß es daran liegt, daß die Menschen nach Jahrtausenden immer noch nicht sehen wollen, daß die Prostitution zum alltäglichen Leben gehört und genausowenig auszurotten ist, wie die Ratten. Warum sollte es auch so sein? Sie erfüllt eine wichtige soziale Funktion. Die Männer brauchen sie, weil sie nun einmal einen stärker ausgebildeten Trieb haben als Frauen. Männer vergewaltigen, nicht Frauen. Aber Männer verfassen Gesetze gegen diese Frauen, die sie brau-

chen. Huren sind Sündenböcke. Huren stellt man in den Medien ausschließlich als dümmlich, ordinär und in Filmen mit hohen, schrillen Stimmen dar. Es gibt genügend von dieser Sorte, aber warum zeigt man nicht einmal ein besseres Bild von ihnen? Weil man sie so sehen will?
Ich denke, es ist an der Zeit, den Beruf der Prostitution endlich anzuerkennen. Anerkennung würde bedeuten, daß der Beruf des Zuhälters flachfallen würde, weil sich die Hure hinter niemandem mehr verstecken müßte. Sich nicht mehr verstecken müssen würde bedeuten, daß sie ganz offen zur Bank gehen könnte, um ihr Geld anlegen zu lassen. Das würde das spätere, fast immer unausweichliche Elend beträchtlich mindern. Anerkennung würde Eindämmung der Kriminalität in dieser Branche bedeuten. Was offiziell anerkannt ist, muß und kann man schlecht in die Dunkelheit zwingen. Das wäre die Hilfe für die schwachen Frauen, die sich gegen Aufgezwungenes nicht wehren können. Freiheit für die Frau. Was ich verlange ist viel. Zuviel für die Prüden, die Scheinheiligen, die Schwachköpfe, die in der Mehrzahl herumlaufen. Jeder für sich ein Vogel Strauß.

Was soll ich jetzt tun? Ich bin nichts, habe nichts und will nicht ein drittesmal auf die Nase fallen. Mich schreckt der Gedanke an die kommende Gosse, das vollständige Zerrinnen meiner Jugend vor ihrer Zeit. Ich frage meine Freunde um Rat. Die Idee wird geboren, daß ich zurück in das Büro gehe. Aber wie soll ich diesen Kraftakt meistern? Nachdem, was man hört und liest, scheitern sie alle. Ich will aber nicht scheitern, sondern den Sprung schaffen.
»Brigitte«, sage ich zu meiner Freundin, »ich glaube, das beste wäre, wenn ich mit vier Stunden anfange. Dann kann ich meine Freunde weiterlaufen lassen, bis ich gelernt habe, mit weniger Geld auszukommen«.
An einem Samstag gebe ich ein Stellengesuch für vier Stunden

auf. Bei dem ersten Anruf der kommt, weiß ich, daß es meine Firma sein wird, wenn ich mich am kommenden Montag vorstelle.

»Sie haben sechs Jahre nicht gearbeitet«, fragt mich mein zukünftiger Chef, »sind Sie verheiratet?«

»Nein, ich lebe mit meinem Freund zusammen. Ich brauche nicht zu arbeiten, aber ich möchte es doch wieder, weil ich nicht weiß, ob wir irgendwann heiraten beziehungsweise zusammenbleiben.«

Mein Argument leuchtet ein. Frauen haben es zwischendurch leichter als Männer.

Es ist ein kleiner Betrieb. Vom Menschlichen her fühle ich mich wohl, aber ich kann das Gefühl der Bitterkeit nicht ausschließen, mit dem ich in die alte, neue Welt des Büros zurückgekehrt bin, die ich immer gehaßt habe. Vielleicht wäre die Rückkehr leichter gewesen, hätte ich sie freiwillig unternommen anstatt unter dem Zwang der Notwendigkeit. Zwang der Notwendigkeit bedeutet die Erkenntnis, daß der Strich kein Glück bringt. Weder seelisch noch materiell.

Ich bin jetzt eine zweigleisige Frau. Teile mich auf, zwischen der braven Sachbearbeiterin vormittags und der Hure für meine Freunde nachmittags. Bin ich jetzt überhaupt noch eine Hure? Was unterscheidet mich von den vielen anderen Frauen, die ins Büro gehen, in künstlerischen Bereichen tätig sind und die von ihren Freunden Geschenke und Zuschüsse zum Leben erhalten? Was unterscheidet mich von diesen Frauen, die von sich behaupten, daß sie nie auf den Strich gehen würden? Sie werden ausgehalten, ich bezahlt. Eigentlich hat das Kind nur einen anderen Namen. Der Tatbestand bleibt der gleiche. Oder doch nicht, weil bei ihnen die Qualität und bei mir die Quantität steht? Das ist Augenwischerei.

Das allmorgendliche Aufstehen bereitet Qualen, weil ich Abend für Abend stockbetrunken ins Bett falle. Die Zeit, die mir jetzt nur noch zum Schlafen zur Verfügung steht, reicht nicht aus, um meinem Rausch Herr zu werden. Jeder Morgen beginnt mit einem schweren Kopf, brennenden Augen, der wohlbekannten Übelkeit. Zur Arbeit fahre ich mit meinem Auto. Ich halte es oft an, um mich am Straßenrand auszukotzen. Ich fühle mich schwach, elend, aber ich halte durch. Vier Stunden gehen schnell vorüber. Außerdem habe ich ein eigenes Büro. Mittags hole ich versäumten Schlaf nach. Nehme mir vor, heute nichts mehr zu trinken. Nie mehr zu trinken und scheitere noch am selben Tag. Am frühen Abend geht es wieder los. Tag für Tag. Ununterbrochen. Manchmal packt mich während des Saufens ein Ekel. Dann schütte ich den Wein weg. Hole mir spätestens eine halbe Stunde später eine neue Flasche.

»Elisabeth, du solltest vielleicht zu den Anonymen Alkoholikern gehen«, sagt Sissy eines Tages zu mir.

»Ob das hilft?«

»Was hast du noch zu verlieren.«

Sissy hat recht. Ich nehme mir vor, dort hinzugehen. Rufe an, erzähle von mir, nehme mir vor, endlich den Schritt zu tun und gehe dann doch nicht. Ich bin in einem Teufelskreis, aus dem ich nicht entfliehen kann.

Nach einem Jahr ist meine Firma pleite. Menschlich macht es mich traurig, finanziell ist es mir trotz meiner ersten Arbeitslosigkeit egal, weil ich meine Freunde habe. Die zweite Firma ist eine Katastrophe. Nach zehn Monaten gebe ich auf. Ich will überhaupt alles aufgeben. Fühle mich dem Ganzen, den Anforderungen nicht gewachsen.

»Marina, ich gehe wieder auf den Strich zurück.«

»Was sagst du? Bist du nicht ganz dicht?«

»Ich schaffe es nicht. Ich kann das alles nicht.«

»Dann mußt du es eben lernen.«

Ich versuche bei meinen anderen Freunden Unterstützung für meinen Rückzug zu finden. Vergebens. Sie schimpfen mich aus, schreien mich an und nehmen mich in ihre Arme, wenn ich

weine. Sie erreichen, was sie wollen. Ich suche zum drittenmal nach einem Arbeitsplatz. Diesmal ist es schon schwerer. Die Arbeitsmarktsituation verschlechtert sich zusehends. Aber was solls, auch wenn die Einnahmen von meinen Freunden spärlicher fließen, kann ich mich nicht beklagen. Doch ich habe Angst, daß sie eines Tages total weg sind, weil ich dann vollkommen auf meinen Arbeitgeber angewiesen sein werde.
Um mich von mir abzulenken, gehe ich viel aus. Fast immer mit Brigitte. Sie ist eine Frau, auf die die Männer fliegen. Immer für ein Lächeln, ein Küßchen gut. Unkompliziert. Sie wird abgeschleppt, schleppt ab. Ich gehe leer aus.
»Brigitte, bin ich häßlich?«
»Wie kommst du denn auf diesen Blödsinn?«
»Du lernst immer Männer kennen. Ich nie, wenn wir zusammen ausgehen. Auch nicht, wenn ich mit anderen Frauen weggehe. Jedenfalls heute nicht mehr.«
»Du bist anders.«
»Wie meinst du das?«
»Ulf sagte über dich, du seist hanseatisch schön, kühl und teuer.«
»Hast du ihm etwas über mich erzählt?«, frage ich angstvoll.
»Quatsch, du wirkst eben so.«
Brigitte schweigt über mein Leben. Genau wie die anderen. Ich kann mich auf sie verlassen. Allerdings erzählt Marina irgendwann Katrin über mich. Ich nehme es ihr nicht übel, als sie es mir beichtet, weil ich weiß, was Marina verantworten kann und vor allem vor wem. Etwas berührt mich tief. Katrin, die Studentin, das junge Mädchen, hat um mich geweint.

Manchmal gehe ich allein weg. Ich lerne kaum noch Männer kennen. Ich muß häßlich sein. Es kann gar nicht anders sein. Selbsthaß, Mitleid mit meiner Person, allen Schmerz dieser Welt, den ich für mich einfangen kann, lasse ich in mich

hineinfließen. Vergifte mich auf eine neue Weise. Ich krieche unter das Joch der Sadomasochistin.
Carsten. Wenn ich mich richtig erinnere, fällt er noch in die Zeit meiner zweiten Firma. Er ist ein gutaussehender Geschäftsmann. Vater von fünf Kindern. Nach außen hin der Biedermann, wie er im Buche steht. Der erste Abend, an dem wir uns kennenlernen, endet in seiner Villa in Bogenhausen. Wir sind in seinem Schlafzimmer. Ich ziehe mich aus. Merke, wie er mich mit seinen Augen verschlingt:
»Bist du auf den Strich gegangen oder gehst du auf den Strich?«
Innerlich zucke ich zusammen. Reiße mich zusammen:
»Wie kommst du darauf?«
»So, wie du dich ausziehst. Diese gekonnte Lässigkeit. So kann sich nur eine Hure ausziehen.«
»Du täuscht dich.«
Wir wechseln das Thema. Ich spüre, daß er mir nicht glaubt. Als wir im Bett liegen, faßt er mich an. Hart. Brutal. Nimmt meine Brüste zwischen seine Finger. Drückt, quetscht an ihnen herum, daß ich vor Schmerzen schreie. Etwas Neues gesellt sich hinzu. Ich ziehe Lust aus dem Schmerz.
Mit Carsten beginnt ein seltsames Spiel. Ein-, zweimal in der Woche treffen wir uns. Wir quälen uns abwechselnd. Er ist der Mann, der in Unterröcken und BH's herumläuft. Der sich die Schamhaare rasiert und von Hormonen träumt, die ich ihm heimlich unter sein Essen mische, damit ihm Brüste wachsen. Ich lerne an seiner Seite die Pein der Peitsche kennen, die sich scharf und schneidend in meine zarte Haut gräbt. Oft fesselt er mich an eine Säule. Bewegungsunfähig mit einer schwarzen, ledernen Kopfmaske bedeckt. Er träumt, daß ich eine Glatze habe. Schneidet eines Abends, als wir beide im Popperrausch sind, lange Strähnen unter dem Deckhaar heraus. Ausgerechnet oder wie immer in solchen Fällen muß ich kurze Zeit darauf zum Friseur:

»Meine Güte, was haben Sie mit Ihren Haaren gemacht?« fragt mich mein Friseur entsetzt. Ich murmle verlegen von einem Kindergeburtstag, Indianerspielen und Kaugummi im Haar. Ob er mir glaubt, weiß ich nicht.
Carsten ist der Mann, der mich nach seiner Ejakulation stets nach Hause schickt. Mitten in der Nacht. Egal, ob sie lau oder eisig ist. Er kennt nur seine Begierde, keine Verantwortung für mich. Nicht einmal für die Autofahrerin.

In das Jahr 1984 fällt meine Bekanntschaft mit einer Journalistin. Ich lerne sie über eine Kartenlegerin kennen. Sie ist es, die mich eines Tages zu einer Talk-Show mitnimmt. Es ist meine erste Begegnung mit Heinz, dem schreibenden Ex-Zuhälter. Als er die Bühne betritt, ist das Publikum still. Auffallend. Seine Frau redet ziemlich viel. Wenn er den Mund aufmacht, wirkt er arrogant, selbstherrlich. Doch die Augen passen nicht dazu. Sie sind traurig, verloren. Das Publikum übersieht er. Eine Antwort auf eine Frage bringt mich zur Raserei:
»Also, keine dieser Frauen schafft den Sprung vom Strich?«, fragt die Moderatorin.
»Nein, keine«, kommt es klar von seiner Seite zurück.
Am liebsten würde ich aufstehen, Fragen vom Publikum sind erwünscht, aber ich traue mich nicht. Erstens weiß meine Bekannte nichts von meiner Vergangenheit, zweitens habe ich es noch nicht ganz geschafft und drittens fühle ich mich diesem arroganten Bolzen nicht gewachsen. Aber es durchzuckt mich kurz: Eines Tages werden wir uns kennenlernen. Eine Vorahnung. Der Rest des Publikums traut sich auch kaum Fragen zu stellen. Heinz ist ihnen nicht geheuer.

In das Jahr 1984 fällt noch etwas anderes. Ich unterhalte mich wieder einmal mit Ingrid. Wir sind relativ offen zueinander.

Ich erzähle ihr, daß mir alles zuviel wird, mir das Leben so sinnlos erscheint.
»Haben Sie schon einmal etwas von Yoga gehört?«
»Das ist doch die Sache, bei der die Leute auf dem Kopf stehen oder sich verrenken«, antworte ich.
»Es ist viel mehr. Ich mache es seit einiger Zeit. Es macht ruhiger. Die Lehrerin, zu der ich gehe, ist gut.«
»Ach, ich weiß nicht.«
Später lasse ich mir die Sache noch einmal durch den Kopf gehen. Meine innere Stimme bejaht, aber ich will nicht. Ingrid läßt nicht locker. Wann immer sie mich sieht, spricht sie mich auf das Yoga an. »Ingrid, gutes Kind«, denke ich irgendwann, »du nervst mich.«

Sommer 1985. Ich lerne Heinz auf der Straße kennen. Wir gehen in ein Café, unterhalten uns, sehen uns am nächsten Tag wieder. Er will wiederkommen, aber er kommt nicht. Ich kann ihn nicht vergessen. Meine innere Zerrüttung treibt mich mehr und mehr nach unten. Meine Seele leidet, daß ich immer noch käuflich bin.
»Marina, ich kann nicht mehr.«
»Dann höre auf.«
»Und wovon soll ich dann leben?«
»Du wirst dich einschränken müssen. Andere kommen auch mit wenig aus.«
»Ich bin nicht die anderen.«
Mit Sissy, Ille und anderen Freundinnen findet genau das gleiche Gespräch statt. Endet ebenso. Ich will nicht auf das Geld verzichten. Habe Angst vor Existenzsorgen.
»Wollen Sie nicht doch einmal zu meiner Yoga-Lehrerin gehen?«
»Also gut, Ingrid, Sie haben gewonnen. Ich gehe.«
Im stillen denke ich: Ausprobieren kann ich es ja. Bringen wird es nichts, aber dann läßt sie mich wenigstens in Ruhe.

Ich entschließe mich, an meinem dreiunddreißigsten Geburtstag anzufangen. Rufe die Yoga-Lehrerin an und sage ihr, daß ich gleich eine Woche kommen möchte.

Am 25. August 1985 fahre ich zu ihr. Meine Gedanken kreisen um die Frau, die mich in das Yoga einführen wird. Was wird sie für eine Person sein? Ich stelle sie mir weltfremd vor. Ein wenig verträumt. Außerhalb der Realität stehend. »Das mußt du gerade sagen«, sagt es von innen heraus.
»Na ja, stimmt schon irgendwo. Auf jeden Fall werde ich ihr sagen, daß ich eine Nutte war, immer noch gegen Entgelt liebe und saufe. Mal sehen, wie die reagiert«, antworte ich mir selbst.
»Wenn sie komisch wird, kannst du gehen. Das ist dann das beste.«
»Genau, das werde ich auch tun.«
Mittlerweile stehe ich vor ihrem Haus. Es liegt in einem Hinterhof. Es ist klein – wirkt gemütlich. Ich läute. Die Tür geht auf. Eine Frau steht im Türrahmen und sieht mich an: »Hallo, Sie sind Elisabeth.«
Ich sehe sie an. Sie ist bunt gekleidet. Es sind frische Farben. Ihr Gesicht ist mir sympathisch. Darin liegen zwei Augen. Sanft, warm. Alles Wissen scheint in ihnen geschrieben zu stehen. Wir gehen in die Küche.
»Möchten Sie Tee trinken?«
»Ja. Darf ich rauchen?«
»Wenn Sie wollen.«
Ich beobachte sie beim Teekochen. Ihre Bewegungen sind ruhig. Ohne Eile. Dann sitzen wir uns gegenüber. Unterhalten uns. Banal, belanglos. Dann:
»Warum kommen Sie?«, fragt Adelheid.
Ich merke, daß ich aggressiv werde.
»Ingrid hat mir von Ihnen erzählt. Ich bin eine Prostituierte gewesen. Ich bin es eigentlich immer noch. Ich saufe. Ich weiß nicht mehr weiter.«

Puh, es ist draußen. Ich belauere sie. Wehe, wenn ... Doch sie bleibt ruhig. Genau wie vorher. Warum, denke ich, werden ihre Augen nicht größer. Warum wechselt der Gesichtsausdruck nicht und zeigt ihr Erstaunen?
»Sie wird gleich was Dummes fragen«, dröhnt es laut von innen.
Nichts kommt. Nur: »Mmh, dann wollen wir mal anfangen.«
Ich folge ihr in ein behagliches Zimmer. Überall stehen Bücher. Der Boden ist mit kuscheligen Teppichen belegt. Ein Räucherstäbchen glimmt vor sich hin. Verbreitet einen angenehmen Duft. Adelheid erzählt ein wenig. Erzählt von der Silbe OM, dem Urlaut, mit der jede Yoga-Sitzung begonnen und beendet wird.
»Ich singe es Ihnen vor. Dann singen wir es gemeinsam.«
Obwohl sie mir inzwischen noch sympathischer geworden ist, finde ich die Situation ein wenig komisch. OM? Was soll das? Was kann das bringen? Lächerlich.
»OM«, sie hat es mir gerade vorgesungen. Es klingt gar nicht schlecht.
»Wollen wir es jetzt zusammen versuchen?« fragt sie mich.
»Ja.«
»OM.«
Seltsam. Was geschieht in mir? Eine Melodie weht in mir auf. Alt. Vertraut.
»OM.«
Der Summton eines Liedes legt sich in mein wundes Herz, dessen Worte ich vergessen habe.
»OM.«
Ein Sinn, das spüre ich aus der Tiefe meiner Seele, will sich mir offenbaren.
Als die erste Stunde beendet ist und ich wieder auf der Straße stehe, hat der Alltag sein Sonntagskleid angezogen. Die Menschen, die Umwelt, erscheinen mir in einem anderen Licht. Freundlicher. Näher.

Die Woche bei Adelheid vergeht zu schnell. In diesen wenigen Tagen gibt sie mir unendlich viel. Noch etwas ist geschehen: das Yoga hat mich in seinen Bann geschlagen. Täglich mache ich meine wenigen Übungen, versuche zu meditieren. Ruhe zu finden. Von Adelheid bin ich fasziniert. Was für ein Geist. Was für ein Wissen. Dazu ihre Bescheidenheit.
In unregelmäßigen Abständen werde ich ab jetzt Stunden bei ihr nehmen. Nie sagt sie zu mir, ich müsse wiederkommen, weil ich nur dann mein Seelenheil finden würde. Das ist es, was mich traurig stimmt – die ganzen Scharlatanenvereine die sich gerade in der Esoterik gebildet haben. Wahre Esoterik ist ganz leise. Verlangt nicht von dem Menschen, der sich ihr zuwendet, daß er auf Hab und Gut verzichtet, beziehungsweise auf den Verein, den Meister überschreibt. Sicher, ich bezahle auch für den Unterricht bei Adelheid, aber das muß auch so sein, weil wir im Westen und somit in der Realität leben.
Wir reden viel über mich und meine Probleme.
»Alles richtet sich, wenn die Zeit reif ist.«
Es fällt mir schwer, sie zu begreifen. Bis mir das begegnet, was sie gemeint hat. So auch der Alkoholismus. Am zweiten Dezember 1985 entschließe ich mich, nach zehn Jahren endgültig mit dem Trinken aufzuhören. Ich kann einfach nicht mehr. Am sechsten Dezember bin ich bei ihr:
»Bitte, Adelheid, helfen Sie mir. Ich will nicht mehr trinken.«
Sie akupunktiert mich. Von jenem Tag an, habe ich nie wieder einen Tropfen Alkohol angerührt. Ich habe keine Entzugserscheinungen gehabt, weil es von innen herausgewachsen ist. Und trotzdem, ich will nicht abstreiten, ob es mir nicht morgen wiederbegegnet. Im Januar 1986 esse ich nach einer weiteren Stunde bei ihr kein Fleisch mehr. Sie hat mir nie gesagt, daß es nicht gut ist. Es ist einfach so gekommen. Sie sagt mir überhaupt nie, was ich tun oder lassen soll. Sie versucht nicht, mich zu erziehen, wie es die Menschen so gerne mit anderen

machen. »Er-ziehen«. Wer wird schon gern erzogen? Sie läßt mich fließen. Deshalb funktioniere ich so gut. Eigentlich ganz normal.
Mit Carsten ändert sich etwas. Es wird mir immer widerlicher, zu ihm zu fahren. Ich erbreche mich plötzlich, wenn ich Popper rieche. Und quälen mag ich ihn auch nicht mehr. Meine Seele beginnt sich zu sträuben.
»Carsten, ich kann es nicht mehr.«
»Und wenn ich dich bezahle?«
»Na gut. Dafür mache ich es noch.«
Carsten weiß inzwischen, daß ich Hure gewesen bin. Er weiß auch, daß meine Freunde immer weniger werden und ich finanziell nicht gerade gut dastehe. Ein-, zweimal nehme ich Geld von ihm. Dann ist es vorbei. Das innere Nein ist stärker.
Meine Freundschaft mit Brigitte ist vorbei. Sie hat mich wegen einem Mann fallengelassen. Mit den anderen Freundinnen klappt es irgendwie nie, daß wir zusammen ausgehen. Also gehe ich allein weg. Ungern. Wie immer fühle ich mich häßlich. Vor einigen Tagen habe ich Peter, Katrins Freund, gefragt, ob ich häßlich bin.
»So ein Quatsch. Du bist nur anders.«
»Jetzt fängst du auch noch an. Kannst du es vielleicht näher begründen? Du bist ein Mann.«
»So genau kann ich es dir auch nicht sagen. Ich sehe nur, daß du deine Jeans trägst, als würden es Seidenhosen sein. Du bist so kühl. Wenn man dich nicht kennt, weiß man gar nicht, wie man dich ansprechen soll.«
Ich denke an ein Gespräch mit Brigitte zurück. Was sagte sie mir?
»Elisabeth, ich habe Günther gefragt, mit welcher von meinen Freundinnen er am liebsten schlafen würde. Er hat dich gewählt.«
»Warum?«

»Habe ich ihn auch gefragt.«
»Ja und? Nun sag schon.«
»Er sagte, du bist so unnahbar, wirkst so kalt. Du würdest deine Blusen und Pullover zwar auf der nackten Haut tragen, daß man alles sieht, aber mit solcher Selbstverständlichkeit, daß man überhaupt nicht auf die Idee kommt, dich anzumachen. Aber auch, daß es irre sein müßte, wenn du Feuer fängst.«
»Also, bin ich nicht häßlich?«
»Du nervst.«

Im Januar lerne ich Thomas kennen. In einem Lokal. Wir sind schnell in ein intensives Gespräch vertieft. Merken beide, daß uns die Esoterik verbindet. Von meiner Seite fällt das Wort Sadomasochismus. Warum weiß ich nicht mehr, wird schon hingepaßt haben. Thomas rückt näher. Faßt mein Handgelenk. Preßt es zusammen. Ich bleibe trotz des Schmerzes stehen. Beiße die Lippen zusammen. Später sitzen wir in seinem Auto. Er küßt mich. Gibt mir einen leichten Schlag ins Gesicht. Ich zucke kurz zurück. Bleibe sitzen. Damit läute ich eine neue Ära ein. Ich werde Masochistin.
Was ich jetzt erlebe an Schlägen, dagegen war Carsten ein Stümper. Er ist der Typ, der mich an meinen langen Haaren durch seine große Wohnung schleift. Meistens krieche ich auf allen vieren. Bin ich atemlos, tränenüberströmt, fällt er über mich her, nimmt mich mit einer unglaublichen Brutalität. Thomas versucht, mir Nadeln in die Fußsohlen zu treiben. Ich schreie so laut, daß er es ein weiteres Mal unterläßt, und weil mir das jetzt doch zu weit geht. Dafür lasse ich mir noch viel anderes gefallen. Ich empfinde das Empfangene als gerecht für meine Schuldigkeit. Zum Beispiel vor meiner Mutter, die viel verstehen lernen mußte, aber nie begriffen hat. Das wäre auch zuviel verlangt. Aus dem Selbstverständnis von innen und außen schmutzig zu sein. Huren sind dreckig. Doch dann

geschieht wieder ein Wunder. Wieder bin ich bei meiner geachteten Lehrerin. Als ich nach dieser Stunde auf der Straße stehe, merke ich, wie etwas von mir abfällt. Thomas, der Pseudoesoteriker, verliert seinen Reiz für mich. Der Dämon des Masochismus gleitet in Gefilde, die für mich keine Bedeutung mehr haben.

Wieder ist Sommer. Ich begegne Heinz erneut und versuche, meine Gefühle und Träume um ihn in Briefen einzufangen.

Heinz, mein Spiegelbild

Lieber Heinz,

ich habe Dir gegenüber ein zärtliches Gefühl, so lautete meine Antwort auf Deine Frage, was ich für Dich empfinde. Aber stimmt das, habe ich es wirklich? Ich weiß es nicht. Ich weiß nur, daß ich mich nach unserer erneuten Begegnung ständig im Kreise drehe, mit mir diskutiere, analysiere, irgend etwas für mich entwerfe, was mir zur Klarheit verhelfen soll, um es dann wieder zu verwerfen. Jeden Faden, den ich knüpfe, trenne ich wieder auf und am Ende steht immer wieder ein müdes, resigniertes Achselzucken, das sich fortsetzt in den Kopf, um sich dort dröhnend und hämmernd zu verlieren. Vielleicht ist es die Seelenverwandtschaft, die mich fasziniert – Du, der Zuhälter hast genommen, ich, die Hure habe gegeben. Du hast ausgeteilt, ich habe eingesteckt. Du hast Dein Leben in einem Buch beschrieben – hart, schonungslos. Ich habe es auch versucht, im genauen Gegenteil zu Dir – sanfte, weiche Lyrik. In Dir konnte ich den seelisch Toten begrüßen, Du in mir die körperliche Tote, und in beiden schreit es nach Leben, Liebe, Anerkennung. Es war wohl auch der Gedanke, daß zwei Menschen, die die Gesellschaft als Abschaum bezeichnet, sich gegenseitig in ihrer Schwäche stützen können. Ich habe in Dir erkannt, daß man Dich nicht von außen »heilen oder ändern« kann, aber es durch Dich selbst geschehen kann, Du in mir, daß ich geweckt werden muß, um wieder normal atmen zu können.

Der Gestrauchelte, die Gestrauchelte sehen Dinge, die zu sehen die sogenannten Normalen nicht fähig sind – und das soll

kein Boden sein, für eine Saat die es auszustreuen lohnt – im gegenseitigen Verständnis der Anerkennung für den Schmerz des anderen? Das Leben ist kein Kaleidoskop, sondern einer bestimmten Ordnung unterworfen, und so ist es kein Zufall gewesen, daß wir einander begegnen durften – nur, was jetzt geschieht oder auch nicht, das haben wir in unseren Händen liegen.
Ich bin bereit, Dir zu geben – das Herz, den Geist und die Seele. Du wirst mich Kraft kosten und mir auch Dein Nachtgesicht zeigen, wie allen anderen Frauen auch, denn ich bin nicht die Auserwählte. Ich gebe zu, ich fürchte mich davor, noch mehr, wenn Du irgendwann zuschlägst, denn die Toleranzgrenze, ab der Du Dich gereizt fühlst bis zum Siedepunkt, setzt Du mit dem Recht des Stärkeren selbst. Aber zu meiner Beruhigung – es wird in allen Schichten geprügelt – nicht weniger hart als Du es tust – es dringt nur zu selten an die Öffentlichkeit.
Du wirst mir aber auch sehr viel geben – den Schlüssel zum Schreiben aus Filigran.
Was ich Dir geben kann und bedeute, das wirst Du mir später, wenn es das gibt, sagen oder zeigen können.
Heinz, ich habe Dir gegenüber ein zärtliches Gefühl.

Liebe Grüße
Elisabeth

Lieber Heinz,

seit Tagen habe ich nichts mehr von Dir gehört. Dein Schweigen verletzt mich, Dein Schweigen tut mir wohl. Verletzt mich, weil Du zu mir bist, wie alle anderen Männer auch. Du rufst nicht an, denkst nicht an mich, ich bin Dir gleichgültig. Eine

Entschuldigung, daß Dich die Sorge um Dein neues Buch, lebensnotwendige Probleme, von mir ferngehalten haben, werde ich nicht gelten lassen. Ich will es wohl auch nicht, es würde mich erschüttern, festzustellen, daß es doch jemanden geben kann, der mich gern hat. Und wenn Du es bist.
Wohl deshalb, weil ich nicht wüßte, was ich mit Dir anfangen soll, wenn Du mich willst. Ich weiß nichts von der Liebe, ich weiß nichts von einer Zweierbeziehung und noch weniger von einem gemeinsamen Zusammenleben.
Als ich Dir vor mehr als zwei Jahren in einer Talk Show zum ersten Mal begegnet bin, war ich für Dich eine Marionette im Publikum, die man übersieht. Du aber warst für mich mehr, nämlich die Faszination, die ich gerne kennenlernen wollte. Aber es gab keine Möglichkeit. Und so nahm ich meine Träume um Dich mit nach Hause. Trotzdem – ich lehnte es weiterhin kategorisch ab, Dein Buch zu lesen. Ich wollte in den Seiten keinen harten, brutalen Heinz kennenlernen, aber ich gab es anderen. Die Reaktionen waren fast alle gleich, speiende Übelkeit für Dich, aber es berührte mich nicht.
Der uralte Satz »Zeit heilt Wunden, Zeit läßt vergessen«, traf auch auf mich zu. Zwischen den alltäglichen Dingen des Lebens, der Frustration im Büro und meiner Trinkleidenschaft, begann Dein Bild zu verblassen. Ein weißer Schatten, der keinen Schatten mehr wirft.
An einem Tag, der die Mittelmäßigkeit aller meiner Tage ausatmete, traf ich Dich unvorbereitet wieder. Spießig angezogen, bebrillt, ungeschminkt, mit ungepflegten Händen, stand ich fast- food-kauenderweise vor meinem Wagen, als ein anderer hinter meinem anhielt. Gelangweilt sah ich hinüber, hörte auf zu kauen und wurde mir von einer Sekunde zur anderen meines Aussehens, meiner Häßlichkeit bewußt. Vergaß sogar meinen einzigen Stolz und Schmuck – die langen, rotblonden Haare, die ausnahmsweise frischgewaschen und ohne hochgebunden zu sein, weich und seidig über meine

Schultern fielen. Ich drehte mich abrupt weg, als Du ausstiegst. Ich wollte nicht, daß Du mich siehst und übersiehst. Doch daß wir einander bewußt werden sollten, merkte ich kurze Zeit später, als mir eine ruhige Stimme »Guten Appetit« wünschte, und gleich danach nach einer Straße, einer Apotheke fragte. Ich schluckte – nicht nur den Rest der Mahlzeit hinunter und sah in Dein Gesicht. In Deine Augen, die leer, ohne Müdigkeit, einfach nur stumpf waren. Auf Deinen Mund, der nur das Lächeln der Höflichkeit trug. Das Ganze war eine glatte, kühle, breitgefächerte Oberfläche.

Ich holte den Stadtplan, zeigte, erklärte, suchte innerlich nach einer Möglichkeit, Dich festzuhalten. Meine Worte, Sätze kamen überstürzt: Daß ich von Dir weiß, die Talkshow, daß ich auch schon für eine Zeitschrift gearbeitet habe, endlich, daß ich auch schreibe. Ich wurde wieder ruhig, Du hattest auf meinen Versuch, Dich in ein Gespräch zu verwickeln, angebissen. Da standen wir nun auf der Straße. Der Exzuhälter und die Exhure. Ich wissend, Du unwissend und zwischen uns Bajazzo, der leise lachend, hör- und sichtbar nur für mich seine Pirouetten drehte.

In einem Café, das wir mittlerweile aufgesucht hatten, lief die Zeit durch das Stundenglas der Unterhaltung. Du erzähltest von Dir, Deinem Leben. Bereitwillig kamen die Auskünfte über die Prostitution und versanken in meinen großen, unschuldig aufgerissenen Augen, die zu formen, ich auf dem Strich gelernt hatte. Mein Glück war vollkommen, als Du später mit meiner Telefonnummer in Deiner Tasche, einigen Küssen auf meine Wange, in das Leben an der Seite Deiner Frau zurückfuhrst.

Was tut, wie reagiert eine Frau, die wie alle anderen Frauen ist und sensationslüstern dazu, wenn sie einem männlichen Menschenungeheuer begegnet ist? Sie geht damit hausieren und kokettieren vor den Freundinnen. Denn was gibt es schöneres, als ihre entsetzten Gesichter zu beobachten, den Geifer

tropfen zu sehen, als auf die Frage »Na, wie ist er im Bett gewesen?«. Es tat mir fast leid, als ich sie diesbezüglich enttäuschen und mitansehen mußte, wie ihre Gesichter zusammenfielen, gleich einem Luftballon, den die Hutnadel gestochen hat. Erneutes Erwachen, als sie hörten, daß die Chance, Dich wiederzusehen groß war. Und dann prasselten sie auf mich nieder, die Ratschläge, die Ermahnungen: Schläger bleibt Schläger, der ist kaputt, das ist ein Wrack, seine Frau hat ihn verändert, denke an deine Sensibilität, der schickt dich wieder auf den Strich, was glaubst du eigentlich, wer du bist. Ich wand mich vor ihnen und in mir selbst, wie eine Schlange, der die Haut zu eng geworden ist. Heinz, ich bin kein Engel und so habe ich den Freundinnen gegenüber nicht abgestritten, daß ich Dich als Mittel zum Zweck benutzen wollte, um einen Namen zu bekommen. Das kleine Mädchen, die kleine Hure, wollte den Erfolg in puncto Schreiben erzwingen. Es war gut, daß es nicht geklappt hat, denn meine ersten kleinen Erfolge kamen Wochen später unerwartet und plötzlich, ohne Dich benutzt zu haben.
Der nächste Tag kam und Dein Anruf, verbunden mit dem Wunsch, mich sehen zu wollen. Warum ist mir bis heute ein Rätsel geblieben. Ich war doch so klein, so nichtig. Sicher, ich wollte es, aber begreifen – nein, das konnte ich nicht.
Du wolltest an jenem Tag mit mir schlafen, aber ich nicht mit Dir. Wenn ich Dir heute sage, daß ich Dir dafür dankbar gewesen bin, daß Du mich nicht gedrängt, sondern gelassen hast, dann verstehst Du es. Wir fuhren in die Natur.
Ich erzählte auch an diesem herrlichen Sommertag nichts über meine Vergangenheit, betrieb einfach nur Normalkonversation. Unsere Rückfahrt verlief ziemlich schweigend. Durch meine halbgeschlossenen Lider konnte ich beobachten, daß Du mich des öfteren mit Deinen Blicken streiftest. Als wir uns diesmal trennten, spürte ich zum erstenmal, daß sich ein kleines Gefühl in mir zu regen begann. Es war Montag und am

Mittwoch, oder war es ein Donnerstag, wolltest Du Dich wieder bei mir melden.
Es ist komisch, wenn man auf einen Anruf wartet, dann rufen sämtliche Leute an, von denen man schon glaubte, man sei bei ihnen in Vergessenheit geraten. Nur Dein Anruf blieb aus. Ich war wütend, aggressiv und die hämischen Sprüche meiner Freundinnen, bis auf eine, brachten mich gänzlich zur Raserei. Ich hatte in der Zeit meine Tränen noch nicht wieder, sonst hätte ich wohl auch geheult, schließlich hatte man mir mein Spielzeug weggenommen.
Ungefähr drei Wochen später begann ich mit Yoga. Irgendwann erzählte ich meiner Lehrerin von Dir. Sie war weder erstaunt, noch neugierig oder entsetzt. Meinte lediglich, es könnte eine gute Verbindung sein und wenn ich Dir wiederbegegnen soll, dann würde es auch so geschehen.
Aber wo warst Du? Überall, nur nicht bei mir und ich las endlich Dein Buch. Ich habe nicht einmal mit der Wimper gezuckt. Die Ratte tat mir leid, sonst nichts. Es machte mich neugierig, warum ausgerechnet ich, die sonst so sehr gegen das Unrecht ist, sich nicht angewidert von Dir abwandte. Die Lösung kam, wie immer im Leben, wenn man lange genug nachdenkt: Solange ich keinen Beweis haben würde, daß Du so bist, wie Du Dich und Dein Leben beschrieben hast, würde ich es nicht glauben. Selbst die Tatsache, als ich Monate später hörte, daß Du von Deiner Frau geschieden worden bist, und sie Dich als diese Bestie bestätigt hatte, die nur leben kann, wenn sie zu ihrem Vorteil rechnet und berechnet, und zuschlägt, wann immer es ihr paßt, konnte in mir keine Umstimmung gegen Dich hervorrufen.
Anhand vieler Geschehnisse konnte ich feststellen, daß Gedanken tatsächlich nicht nur Gedanken sind, sondern Wurzeln schlagen können und zu wachsen beginnen, wenn man sie ohne Unterlaß hegt. Du warst einer dieser Gedanken, ich bekam die Gelegenheit durch die Vermittlung einer Bekann-

ten, wieder mit Dir in Verbindung zu treten. Zwei Tage später riefst Du an, um eineinhalb Stunden später bei mir zu sein. Ein Jahr war vergangen.
Ich hatte mich verändert. Eine Frau, die inzwischen trocken geworden war, trat Dir gegenüber. Aber diese Dame war kalt. Einen flüchtigen Kuß hatte sie für Dich übrig, mehr nicht, denn sie wollte immer noch spielen. Und Du mußt zugeben, der erste Punkt in diesem Spiel geht klar an mich. Ich hatte Dich wieder bei mir, und mir fiel auf, daß Deine Augen weniger stumpf waren, als letztes Jahr.
Inzwischen wußtest Du etwas über mich und einen kleinen Teil erzählte ich Dir selbst. Als Du irgendwann erwähntest, Du seist eigentlich wieder nur gekommen, um mit mir zu schlafen, aber dann gemerkt hättest, ich sei nur durch die Seele zu gewinnen, da gestand ich Dir im stillen Deinen ersten Punkt zu.
Du warst kaum fort, da begann wieder das Nachdenken über Dich. Warum wollte und will ich Dich? Vielleicht, weil Du der Wind bist und ich gelernt habe, den Wind zu lieben, wohlwissend, daß man ihn nicht halten kann. Würde mir einer dieser dummen Spießer über den Weg laufen und mich eines Tages verlassen, dann stände ich wieder da und würde fragen: »Warum ich, warum ausgerechnet immer wieder ich?« Bei Dir sieht die Sache leicht aus, wenn Du von mir gehst, dann werde ich sagen können: »Es mußte so kommen, wie es gekommen ist. Es war immer so bei ihm«. Mit anderen Worten, Dein Verhalten würde mir die innerliche Verletzung ersparen.
Diesmal war ich vorsichtiger mit der Verbreitung der Nachricht. Ich erzählte es nur Marina, und sie nahm Dich an, so wie letztes Jahr – ohne Vorurteil, unter dem Aspekt der Menschlichkeit.

Heinz, es gibt im Moment nicht mehr zu sagen, denn außer einigen Anrufen, in denen ich Dich etwas näher kennengelernt habe, ist nichts mehr geschehen. Aber genug, um einmal um

Dich geweint zu haben – ich habe wieder Tränen. Genug, um zu wissen, daß ich Dich gern habe. Genug, um zu wissen, daß ich eine Verbindung mit Dir wünsche – Du der Fels und ich das Wasser.
Zu wenig, um zu wissen, was aus Dir und mir wird? Werden wir uns wieder aus den Augen verlieren? Das Spiel spielen, in dem es den Sieger und den Besiegten gibt, zwei Besiegte oder den phantastischen Traum, allen Unkenrufen zum Trotz wahrmachen können, den Traum zweier Sieger?
Tanze Bajazzo, tanze für uns.

Liebe Grüße
Elisabeth

Lieber Heinz,

es kommen immer neue Bewegungen in meine Gedanken um Dich, die ich Dir mitteilen möchte und die teilweise gleichzeitig Fragen sind.
Was nützt Dir der Tag, wenn es in Dir ständig dunkel ist? Was nützt Dir die Freiheit, wenn Du eingesperrt bist in Dir selbst, weil Dich die Gitter und Mauern Deiner Seele stärker umschließen, als Gefängnismauern es je tun können?
Du bist wie ein Vagabund, der sich nach einem Heim sehnt, und wenn er es endlich hat, nichts damit anfangen kann. Du hast es nie kennengelernt und warst bei jedem »neuen Heim« vielleicht der Meinung, daß es noch etwas besseres gibt für Dich. Resultierend aus Deiner Zerrissenheit die Rastlosigkeit, durch sich selbst produziert.
Wie bist Du doch einsam in Deinem Haß. Wie ein Gigant auf nacktem Felsen stehend schleuderst Du ihn hinaus, übersehend, daß es Dein eigener Scheiterhaufen ist. Du bist nicht

mehr fähig, dieses Feuer zu spüren, weil die Flammen lautlos, gefühlslos in Dir züngeln und das Gute in Dir darunter begraben haben. Ja, Heinz, das Gute. Ich glaube und weiß, daß Du es besitzt, so, wie auch der schwärzeste Fluß seine reine Quelle besitzt. Nur muß man manchmal lange gehen, um dorthin zu gelangen. Und der Weg ist schwer. Er macht hungrig und durstig nach dem vermeintlich leichten Weg. Feinde säumen ihn – immer wieder Dein Haß, Deine Aggressionen und die vielen Menschen, die Du verletzt hast, und die Dir Deine eigenen Gedanken und Taten zurückgeben. Und als menschlicher Stein über Steine zu gehen, das erfordert gekonnte Balance. Das Gefühl auf der Stelle zu treten, wenn man die ersten Schritte getan hat, erweckt den Wunsch zur Umkehr in die gewohnten Gleise. Das ist die gefährlichste Klippe, die überwunden werden muß. Doch danach kommt das erste Licht, winzig, zart, kaum wahrnehmbar. Eine Frucht, die süß schmeckt und sich wie heilender Balsam in die Seelenwunde schmiegt.
Und so, wie verbrannte Erde wieder Leben erzeugt, nach den uralten ewigen Gesetzen der Natur, so kannst auch Du Deine ersten wahren Freunde in Dir selbst gebären – Glauben, Zuversicht, Geduld und irgendwann Liebe.
Du fragst Dich vielleicht, warum ich Dir das alles schreibe. Ich habe auch nach meinem Weg suchen müssen und ich glaube, ich habe ihn gefunden. Zumindest den Anfang. Und das wenige, das ich weiß, möchte ich Dir, allen Menschen, die dafür offen sind, weitergeben. Lehren ohne belehrend zu sein.

Ich sehe Dich mit den Augen aus der Welt, meiner Welt – sie ist schön.

Liebe Grüße
Elisabeth

Lieber Heinz,

Ich sei Dir gegenüber sehr reserviert, hast Du mir in einem unserer Telefongespräche gesagt, und auf mein »ich mag die Männer, aber ich fürchte den Mann und du bist einer« erwidert, »aber ich, ich bin anders«. Natürlich bist Du anders. Jeder ist es, aber wir machen fast alle zu viel Aufhebens davon.
Trotzdem, ich habe versucht, mich Dir auf meine Weise vertraut zu machen, indem Dein Buch seit Nächten unter meinem Kopfkissen ruht und ich seitdem keine Alpträume mehr habe. Kannst Du Dir vorstellen, daß ich Deine Fotos jeden Abend betrachte wie ein Teenager, der einen Star verehrt? Mit meinen Fingerspitzen über Dein Gesicht streichle und mir wünsche, es wäre kein glattes Papier, sondern Deine warme, weiche Haut? Daß ich mir wünsche, daß Du neben mir liegst, damit ich Deinen Atemzügen lauschen und feststellen kann, daß sie ruhig von innen heraus geworden sind an meiner Seite? Endlich, daß Deine Hände meine Ängste aus meinem Gehirn vertreiben?
Deinetwegen findet der Schlaf erst spät zu mir und ich nutze die Zeit, um mich fiebernd um Dich zu quälen. Ich habe Angst um Dich, ich will nicht, daß Dir etwas geschieht. Was ich will? Daß Du mein Sein für eine lange Weile teilst. Ich sage bewußt eine lange Weile, weil Anfang auch immer gleichzeitig Ende bedeutet. Ich will nicht mehr aus lauter Hilflosigkeit Dein Buch in irgendeine Ecke meines Zimmers werfen müssen, weil ich nicht weiß, wo Du bist. Es sind schon wieder elf Tage vergangen, ohne daß Du Dich gemeldet hast. Dafür klage ich Dich an. Wohlwissend, daß Du diesmal vollkommen unschuldig bist. Gerade ich als Esoterikerin sollte wissen, daß man nichts erzwingen kann, sondern daß, wie auch immer, der Himmel seine Entscheidungen trifft und die sind richtig und gut, auch wenn wir es nicht immer gleich erkennen. Meine einzige Entschuldigung, ich bin immer noch am Anfang, im-

mer noch ein Mensch, der sich nicht vollständig der Welt und der Realität entziehen kann. Und ich bin jung genug, um ab und zu noch Träume um die Liebe haben zu dürfen, ohne mich der Lächerlichkeit preiszugeben. Es ist ein wunderbares Empfinden, wenn sich nach langem Stillstand das Sonnenrad der Gefühle wieder zu drehen beginnt. Vorsichtig schlingernd, nach Gleichgewicht suchend.
Du bist und bleibst verschwunden. Es klopft etwas in mir an. Ich kenne das Symptom – es heißt Enttäuschung und sie hat auch ihre Gefährten mitgebracht: Frust, Schmerz, Überdruß. Noch kann ich mich wehren, indem ich meine Augen und Ohren davor verschließe, aber ich beginne zu fallen. Der Boden schwankt, beginnt sich zu öffnen mit feinen Rissen.

Heinz, trage nicht das Sonnenrad aus mir hinaus.

In Liebe
Elisabeth

Lieber Heinz,

für Dich habe ich das Spielen auf der Mandoline erlernt. Unendlich behutsam greift mein Geist, mein Herz in ihre Saiten, um Dir mein Lied zu bringen. Ich hoffe, daß Du es hören kannst im lauten Schlagen des Trommelwirbels Deines Lebens. Und wenn ja, dann glaube mit mir daran, daß mich das Vorurteil der Menschen, wenn wir endlich vereint sind, nicht beirren wird in meinem Spiel. Denn wenn wir angegriffen werden und wir müssen angegriffen werden, dann brauche ich eine andere Kraft als bisher. Ich sage, wir müssen angegriffen werden, weil es den Tatsachen entspricht. Die Meute braucht ihr Opfer, um von ihren eigenen Unzulänglichkeiten

abzulenken. Du bist ihnen schon vertraut, ich wäre die Bereicherung, der neue Stoff, der aufleben läßt. Ich höre schon ihre Kommentare: Das sind zwei, die sich gesucht und gefunden haben. Die beiden, das ist der Gipfel der Geschmacklosigkeit. Eigentlich müßten sie gut zusammenpassen. Wie lange halten sie sich gegenseitig aus? Pack schlägt sich, Pack verträgt sich. Sie werden nicht wollen, daß wir harmonieren, denn kaputtmachen ist effektiver. Einen Menschen leiden zu sehen, das geht unter die Haut. Glück sagt nichts aus, wohl weil es so selten ist. Horch, die Melodie zittert.
Wenn unsere Verbindung anders aufgenommen werden würde, dann wäre eine unglaubliche, unerhörte Sache geschehen: Der Mensch hätte endlich angefangen, das zu sein, von dem er glaubt und behauptet es zu sein: Mensch zu sein. Vor sich selbst und im Sinne jeder Religion. Doch bis es soweit ist, werden die Zeiten noch fließen müssen durch die Jahre und die Jahrhunderte. Du, ich, wir alle werden es nicht mehr erleben. Schade.
Ich verstehe selbstverständlich, daß Dir die unmittelbar Betroffenen keine Achtung entgegenbringen können, daß sie zornig auf Dich sind, denn von Dir geschlagene Wunden bedürfen eines langen Heilungsprozesses. Aber die, die Du nie persönlich getroffen hast, die nur Dein Buch kennen, Dich im Fernsehen gesehen haben, haben kein Recht darauf, Dich zu verurteilen oder zu verachten.
Horch, die Melodie verliert sich in Traurigkeit und Bangen.

...

Ich habe eine kleine Pause einlegen müssen, weil meine Ruhe mich verlassen und ich mich erneut sammeln mußte. Jetzt ist wieder Frieden in mir. Ich nehme die Mandoline und spiele für Dich. Unendlich behutsam greift mein Geist, mein Herz in ihre Saiten. Der Ton schlägt an, ganz leise und trägt sich fort durch sich selbst. Sucht und findet Dich, wo immer Du auch bist. Zärtlich ist das Lied.

In Liebe
Elisabeth

Lieber Heinz,

zwischen meinen Fingern halte ich eine Blume, zupfe ihre Blütenblätter wie in den Tagen der Kindheit. Lautlos formen meine Lippen: er liebt mich, er liebt mich nicht, er liebt ... Ich halte inne, was Heinz, was und wen liebst Du? Sage mir nicht, Dich selbst, denn diese Antwort ist farblos, blind und nicht der Wahrheit entsprechend. Was geht in Deinem wunderlichen Herzen vor sich? Wie zuckt und schlägt es, wenn Du eine Frau liebst, wie, wenn Dir die Behörden im Nacken sitzen, wie, wenn Du keinen Ausweg mehr siehst? Schneller, langsamer oder im ewig gleichen Rhythmus?
Wir haben einander nie berührt im Sinne der Berührung – aber Du hast meine Katze angefaßt. Ich habe Dich dabei genau beobachtet und war erschüttert, wie Du, der Teufel, Dich ihr genähert und sie gestreichelt hast. In Deinem Streicheln lag etwas, als würdest Du Angst haben, sie zu zerbrechen, zu verletzen. Das kleine hilflose Geschöpf, der große Bösewicht in wortloser Zärtlichkeit vereint, wer kennt dieses, auch das Dein Gesicht?
Ich will Dich nicht blind verteidigen, aber mir wird immer klarer, warum Dich die Menschen ablehnen, was zur Folge hat, daß Du nicht mit ihnen zurechtkommst, und zwar hauptsächlich, nachdem Dein Buch erschienen ist und Du somit der Anonymität der Unterwelt entstiegen bist.
Da sind in erster Linie die Frauen, die Dich auf das Podest des

Macho gehoben haben. Als sie gelesen haben, wie wunderbar und gleichzeitig brutal Du die Frauen geliebt hast, da sind sie unruhig geworden und voller Seufzer. Sie haben darüber nachgedacht, wie ihre eigenen Männer und Freunde sie lieben. Die Antwort konnte nur lauten: langweilig, fad, Otto Normal gibt nichts her. Das wiederum erweckt Unzufriedenheit und Begehren. Für die Erfüllung des Traumes, mit Dir ins Bett zu steigen, nehmen sie gerne auch den Alptraum mit in Kauf, auch wenn sie es nie zugeben werden. Weder vor sich selbst, noch vor den Freundinnen. Du bist das Kribbeln, das Prickeln, das »da passiert endlich etwas«. Ich glaube, daß Du im Endeffekt auch nur mit Wasser kochst. Vielleicht deshalb, weil ich zu viele Männer in meinem Leben gehabt habe.

Und da sind die Männer auf der anderen Seite. Sie hassen Dich instinktiv, weil Du Dir, auch wenn es immer wieder zu Deinem Schaden ist, Sachen zu sagen traust und sie ausführst, wie sie es nie wagen würden. Es ist ihre Angst um die sichere Existenz, die man nicht verlieren darf. Aber im Unterbewußten gärt es. Das Sich- nicht-trauen bringt das Magengeschwür, den Krebs. Sie machen sich kaputt, wissen es, wissen aber nicht warum. Sie spüren innerlich, wie die Frauen zu Dir stehen, das erweckt Eifersucht, Neid.

Die Frauen, die Männer, Du, ihr spielt Katz und Maus, Blindekuh. Ihr räumt euch gegenseitig eine Macht ein, die nicht vorhanden ist, weil sie bei näherer Betrachtung und Analyse haltlos ist. Geht und reißt euch endlich eure Masken ab, sie behindern die freie Atmung. Geht, geht endlich in die Tiefe eurer Denkmasse. Trennt das Wort, formuliert es um, damit aus der Masse endlich Denken entstehen kann und dadurch Erkennen.Ich habe Zeit, ich beobachte weiter.

In Liebe
Elisabeth

Lieber Heinz,

Du hast mich vollkommen in Besitz und Du kannst nichts dafür. Kommen wir zusammen oder nicht? Du und ich gehen einen Weg. Kannst Du Dir das vorstellen? Und wenn es so ist, werden wir dann barfuß durch den Dschungel laufen oder das finden, was jeder von uns beiden immer gesucht hat? Ich wußte Dich solo und deshalb habe ich Dich bei Deinem nächsten Anruf gefragt, ob Du mit mir zusammensein möchtest. Meine Frage hat Dich im ersten Moment sprachlos gemacht und danach hast Du mich nach dem Warum gefragt. Ich habe Dir so vieles daraufhin geantwortet. Daß wir aus dem selben Holz, nur unsere Maserungen verschieden sind. Daß wir eine gemeinsame Sprache haben. Daß Du mich künstlerisch inspirierst. Als ich mit meinem Wortwasserfall auf Dich fertig gewesen bin, hast Du gefragt, ob ich Dich menschlich aushalten würde. Ob Du nicht ein Störfaktor wärest in meiner zerbrechlichen Welt, die ich mir aufgebaut habe. War meine Antwort ja? Habe ich gezögert? Ich weiß es nicht mehr. Der Tag unserer erneuten Begegnung kam. Wir haben uns lange unterhalten. Ich war heiter. Ausgeglichen. So siegesgewiß. Wieso eigentlich? Dann der Dialog. Das Ende meines Traumes:
»Ich bleibe nicht bei dir.«
»Warum nicht?«
»Weil ich dich nicht zerstören will.«
»Aber du zerstörst mich nicht.«
»Doch.«
»Und die, die nach mir kommen?«
»Tragen nicht dein inneres Gesicht.«
»Ich brauche dich, um schreiben zu können.«
»Du schreibst auch so. Nein. Du nicht. Und sei es nur dieses einzigemal, daß ich eine Frau vor mir schütze.«
»Und ich hatte geglaubt, daß wir uns lieben können.«
Schweigen. Ich hatte begriffen und war im selben Atemzug

begriffslos geworden. Vor dem Strich, auf dem Strich, nach dem Strich hatte mich nie einer gewollt und jetzt nicht einmal Du. Es wird mich nie einer wollen. Du mußtest fort. Einmal wenigstens wollte ich Deine Nähe und Wärme spüren. Ich habe mich an Dich geschmiegt. Durch das halbgeöffnete Hemd konnte ich sehen, daß die Haare auf Deiner Brust schon grau sind – zu manchen kommt der Herbst früh. Deine Hand auf meinem Haar hat mich ahnen lassen, wie zärtlich Du sein kannst. Du kennst die Tränen, die geflossen sind. Du wußtest nicht, wie Du mir begegnen sollst. Ich wollte nicht, daß Du mich schwach siehst. Bat Dich um ein schnelles Lebewohl. Wünschte innerlich, daß Du bleibst. Die Tür fiel irgendwann ins Schloß. Du hattest mich verlassen.
Ich lasse mich stehen, ich lasse mich liegen. Was soll ich noch mit mir? Ich höre die weiche beruhigende Stimme meiner Lehrerin: Aber es ist eine Lern- und eine Prüfphase – Gelesenes taucht auf: Gott bürdet nie mehr auf, als man tragen kann.
Drehe Dich nicht um. Er kommt zurück. Ein Satz kling nach: Mein Heinz, mein Heinz, ich liebte das Gedankenspiel.

Elisabeth

Yoga, der Garten der Heilung

Wieder ist Weihnachten. 1987. Wie immer in den letzten Jahren bin ich zu Hause in Hamburg bei meiner Mutter. Eine Grippe und eine Fischvergiftung haben mich an das Bett gefesselt. Langsam erhole ich mich von dem ekelerregenden Geschmack erbrochener Galle und den wirren Strömungen meiner Fieberträume. Zum Aufstehen fühle ich mich noch zu schwach und so nutze ich die zwangsweise Ruhepause, um über die letzten fünfzehn Monate nachzudenken. Die Vergangenheit in die Gegenwart zu stellen. Auch Heinz.
Der Abschied von ihm, sein Nein an mich gruben tiefe Furchen in meine Seele. Alle meine Bemühungen Heinz loszulassen, mich in das Unabänderliche zu fügen, scheiterten. Verletzte echte Gefühle? Verletztes Ego? Ich weiß es nicht. Ich wußte nur, daß ich ihn wiedersehen wollte. Doch wo sollte ich ihn suchen? Wieder kam mir der Zufall zu Hilfe. Eine Dame trat auf mich zu, bei der er meine Telefonnummer hinterlassen hatte. Durch sie erfuhr ich ein Lokal, in dem er sich des öfteren aufhielt. Dort hinterließ ich ihm eine Nachricht, und so begegneten wir einander wieder. Wir haben uns dieses Jahr mehrmals getroffen und ich glaube sagen zu können, daß wir ein seltsames Verhältnis zueinander haben. Wenn wir telefonieren, sind wir beide stark im gegenseitigen Angriff. Halten uns vor, daß jeder den anderen begehrt, und sind wir dann endlich wieder zusammen, sitzen wir uns wie von Anbeginn an still gegenüber. Ein zaghaftes Streicheln über Haar und Hände, ein scheuer Kuß – das ist alles. Warum ist das so? Weil er Angst vor dem Weiblichen hat und ich vor dem Männlichen und wir uns beide ein Bild voneinander

aufgebaut haben, das zu zerstören uns ängstigt? Weil wir beide gelernt haben, aus körperlichen Kontakten Zorn und Haß zu ziehen? Wenn es so ist, dann sind wir füreinander Hoffnungsträger, daß es vielleicht doch mehr geben kann zwischen Mann und Frau als körperliche Vereinigung. Auf jeden Fall – zwei Bettelkinder, in deren Herzen es dunkel ist.
Einmal begleitet mich Heinz zu Adelheid. Nach wenigen Minuten fällt seine Sonnenbrille. Er nimmt sie selbst ab. Sensibel genug spürt er, daß er sich hier nicht verstecken kann und muß, weil hier tiefer geschaut wird als in ein müdes Augenpaar und es keine Vorurteile gibt. Je länger wir am Tisch sitzen, desto ruhiger wird er. Gleiten seine Züge in Weichheit. Ebenso sein Lächeln. Nach Wochen fragt er mich:
»Weißt du eigentlich, warum ich deine Lehrerin kennenlernen wollte?«
»Nein.«
»Um deinetwillen. Ich wollte wissen, was ist das für ein Mensch, über den du so viel erzählst. Was ist das für eine Frau, von der du dich lenken und leiten läßt.«
»Und«, frage ich gespannt zurück.
»Positiv, sehr positiv.«
Und endlich traue ich mich zu meiner eigenen Frage:
»Heinz, warum hast du dich damals von mir in ein Gespräch verwickeln lassen, obwohl ich so häßlich war?«
»Weil du mir auf Anhieb gefallen hast.«
»An-Hieb.« Was bringt es uns?
Er lernt meine Freundin Marina kennen. Er mag sie, weil sie ruhig ist. So viel glaube ich inzwischen von ihm zu kennen, daß er die Stille mag. Doch wie soll es weitergehen? Ich will mich nicht länger in Illusionen verlieren. Dem Wolf und mir ist kein Morgen bestimmt. Er wird seinen Weg weitergehen wollen wie bisher. In den Augen seiner Mitmenschen heißt das, dunkel und böse zu sein. Ich sehe es anders. So, wie er ist, ist er gut. Licht und Schatten gehören zusammen. Men-

schen seiner Art zeigen den anderen, was hell und gut heißt. Und vielleicht ist er in all den Monaten auch nur so stark in mir gewesen, damit ich von innen heraus heilen konnte. Ein bißchen wenigstens. Denn dadurch, daß ich so stark auf ihn fixiert war, hatte ich keine Augen für andere Männer. Ich will mir den Blick auch für die Zukunft versagen. Ich bin müde geworden, nach der Liebe zu suchen und habe wohl auch endlich begriffen, daß sie es war, die auf mich verzichten wollte. Es kommen noch so viele andere Punkte hinzu. Zuallererst der Urekel vor dem Mann, die alte Unsicherheit. Die Angst, wenn ich mich verliebt habe, eines Tages sagen zu müssen:

»Du, ich habe mich prostituiert.«

Welcher Mann hält das aus? Ich fürchte mich vor der Verachtung, dem Entsetzen, dem eine Frau ausgesetzt ist, die sich vermietet hat. Ich habe es alles erlebt und wünsche keine Wiederholung. Niemals gab es eine Anerkennung für meine Kraft, meinen eisernen Willen. Dafür die ausgesprochene Erwartungshaltung, daß ich über eine ungeheure Menge an Stellungen und Tricks im Bett verfügen müßte. Ein Beweis dafür, daß Legenden immer noch lebendig sind. Von Heinz habe ich geglaubt, daß er mich verstehen würde. Er – mein Spiegelbild?

Freunde raten mir, über meine Vergangenheit zu schweigen, wenn ich einen Mann kennenlerne. Warum sollte ich das tun? Ich will, daß »Mann« mich liebt, wie ich bin oder gar nicht. Es kommt noch etwas hinzu: was soll mir ein Mann noch geben können? In all den Jahren, als ich schwach war, mir eine Schulter zum Anlehnen gewünscht habe, war keine da. Daraus habe ich gelernt: Ich brauche keinen Mann, der mich finanziert, keinen, der mich beschützt, keinen, der mich aus dem Dreck herauszieht. Ich kann das alles selbst, wenn die Freundinnen um mich herum sind. Sie geben mir die Kraft, die ich brauche. Liebe ohne Geist langweilt mich. Ich gebe zu, daß es mich quält, seit Juni 1986 Nacht für Nacht alleine zu schlafen. Meine Haut ist ein Fiebermeer. Die Lippen flüstern nach Erfüllung. Rauh, heiser, aber ich werde dem nie mehr nachgeben, wenn ich nur das leiseste Gefühl habe, daß meine Seele draußen vor der Tür bleiben muß. Ich will nicht mehr, daß sie friert.

Was ist sonst noch geschehen. Ich bin erneut arbeitslos geworden, weil meine Firma umgezogen ist und ich nicht mitgehen konnte. Noch nie in meinem Leben habe ich so lange nach einem neuen Arbeitsplatz suchen müssen. So viele Absagen erhalten. Das Geld war knapp, weil ich halbtags gearbeitet hatte. Die Unterstützung der Freunde nur noch ein Brosamen. Auch mit ihnen habe ich dieses Jahr endgültig aufgehört, weil der Geist in mir stärker als die Existenzangst geworden ist.

Ich bin von Arbeitgeber zu Arbeitgeber gerannt und habe dabei wieder etwas Neues kennengelernt, weil ich meinen Spruch mit dem angeblichen Freund geändert hatte:

»Sie wollen nur halbtags arbeiten. Sind Sie verheiratet?«

»Nein, aber das Geld reicht mir.«

»Sechs Jahre waren Sie nicht berufstätig.«

»Mein damaliger Freund hat genug verdient.«

»So, so, Sie sind eine Geliebte gewesen.«

Ich bin sprachlos. Von nun an erzähle ich, daß ich mit einem Mann zusammengelebt habe, nicht arbeiten mußte, weil wir heiraten wollten und er kurz davor tödlich verunglückt ist. Das bringt mir Mitgefühl entgegen. Ist von der Logik nicht von der Hand zu weisen und erspart mir sämtliche dummen Fragen und Antworten.

Einsamkeit, Selbstminderungsgefühl, das Muster des Herbstes. Im stillen denke ich an meine Gedichte, die ich mit viel Glück verkaufen kann, und daß ich mir ein zweites Bein als Yoga- Lehrerin schaffen will. Der Gedanke auf einen einzigen Geldgeber angewiesen zu sein, ist mir unerträglich. Die Abhängigkeit ist mir zu groß. Ich fühle mich überfordert und rufe Adelheid an:

»Ich weiß nicht mehr ein noch aus. Ich finde einfach keine neue Arbeit.«

»Es wird Frühling werden, bis es so weit ist. Sie sind vom Sternzeichen her Jungfrau. Ihre Sonne ist jetzt sehr weit entfernt.«

Ich bin etwas beruhigt. Trotzdem begebe ich mich auf die Couch eines Psychologen. Nach jeder Stunde fühle ich mich wie zuvor: beschissen. Er ist nicht Adelheid. Ich habe das Gefühl, belehrt zu werden. Noch etwas stört mich. Vor meiner Sitzung versucht er jemanden zu helfen, und nach mir ist gleich der oder die nächste dran. Ohne Pause. Kann man so schnell von Mensch zu Mensch springen? Wir sind doch keine Maschinen. Im Januar 1987 macht mein Körper nicht mehr mit. Ich kann mich kaum noch bewegen und gehe zum Arzt. Er verschreibt mir physikalische Therapiebehandlungen, die mir wie Elektro-Schocks vorkommen. Was habe ich anderes erwartet? Die Therapie ist morgens und so kann ich mit Marina mitfahren. Nach einer kurzen Pause in ihrem Büro gehe ich das letzte Stück zu Fuß. Der Winter ist eisig. Mein Weg führt mich über die Isarbrücke. Jedesmal mache ich halt. Denke an Springen, Untergang in den schmutzigen Wellen, meinen eigenen. Endlich sage ich dem Arzt die Wahrheit über mich. Wir führen ein längeres Gespräch. Unter anderem:

»Sie bekommen sich und Ihren Körper nie wieder hin. Sie müssen mindestens vier Wochen zur Kur mit anschließender Gruppentherapie.«

»Was bringt mir die Gruppentherapie, wenn mir schon der Psychologe nicht helfen kann? Warum soll ich zur Kur fahren? Ändert sie etwas an meiner Situation? Wenn ich wiederkomme, fange ich genau dort an, wo ich aufgehört habe. Aber ich weiß jetzt endlich, was ich zu tun habe, was ich schon längst hätte tun sollen.«

Kurze Zeit später bin ich bei Adelheid. Stehe vor ihr mit hängenden Schultern, steifem Hals, Kreuzschmerzen. Wir reden. Ihre sanfte Stimme beruhigt mich. Ihre wissenden Hände massieren meinen kranken Körper. Wenige Worte heilen mich:
»Haben Sie schon einmal überlegt, daß Sie wütend auf sich selbst sind? Keine Arbeit, kaum Geld, es geht nicht nach Ihrem Willen?«
Das ist der Schlüssel. Eigentlich habe ich es gewußt. Sie hat es mir bewußt gemacht. Eine Woche später bin ich körperlich wieder vollkommen gesund. In meine Depressionen, die mich trotz alledem noch begleiten, fällt eine Silbe:
»OM«.
Doch was ist OM eigentlich? OM – das ist der Atem, die Nahrung der Seele. Es ist das Wecklied, damit sie sich erinnert, wer sie ist, damit sie ES ist. Es ist das Schlaflied, wenn man traurig ist. Der Sturz in die unendliche Leere, um daraus die ganze Fülle des Seins zu schöpfen.
Ich will sie oft nicht wahrhaben – und doch weiß ich, solange dieses Lied in mir singt, ist alles gut. Daß es nur seine Zeit braucht, bis eine Änderung kommt. Finanziell muß ich mir etwas einfallen lassen und rufe Irene an:
»Irene, ich brauche Geld. Du hast im Moment keine Putzfrau. Kann ich das machen?«
»Du, mit deinem Geist? Da käme ich mir blöd vor.«
»Was nützt mir mein Geist, wenn ich essen muß?«
Das überzeugt sie. Ich kann bei ihr putzen. Gegen Entgelt. Ich, die immer andere für sich putzen ließ. Es ist hart. Ich habe wenig Kraft in meinen Händen, über die mein Bruder sagt, sie seien zart wie Filigran. Voller Wut stehe ich mit dem Putzlumpen vor dem Fenster:
»Mist. Irene ist im Wochenendurlaub und ich räume ihren Dreck weg«, kommt es altvertraut von innen. Aber die andere Stimme spricht:

»Was beklagst du dich? Niemand hat dich auf den Strich gezwungen. Niemand hat von dir verlangt, daß du so mit deinem Geld umgehst. Tue, was zu tun ist und beneide Irene nicht.«
Danach bin ich still und kämpfe mich verbissen durch die Wohnung. Später putze ich bei Sissy, für Marina. Bekomme Geld, Zigaretten und Essen dafür.
»Adelheid, ich habe so viel in meinem Leben mitgemacht. Jetzt auch noch das. Warum ist das so?«, frage ich sie während eines Telefongespräches.
»Vielleicht brauchen Sie diese Erfahrung für Ihre Zukunft. Es ist auch ein Läuterungsprozeß. Wie Sie wissen, wächst der Lotus auch aus dem Schlamm.«
Sie – immer wieder ist sie es, die die richtigen Worte für meine Seelenschmerzen hat. Was wäre geschehen, wenn ich ihr durch die Hartnäckigkeit von Ingrid nicht begegnet wäre?
Der Frühling kommt und mit ihm ein neuer Arbeitsplatz. Eine Firma, in der man sich wohlfühlen kann. Klein. Überschaubar. Ich glaube, daß ich meine Arbeit zur Zufriedenheit meines Vorgesetzten ausführe. Und doch – es bereitet mir keine Freude. Ich fühle mich fremd zwischen den Kollegen, die sich mit ihrer Aufgabe, ihrem Tun identifizieren können. Denen es scheinbar nichts ausmacht, sich der monotonen Regelmäßigkeit des Alltags auszusetzen. Es ist von meiner Seite Neid, Bewunderung für ihre Anpassungsfähigkeit. Manchmal das hochsteigende Gefühl, in den fetten Jahren versagt zu haben. Was passiert mir, wenn meine Vergangenheit ans Licht kommt? Es ist Vergangenheit. Ist es das wirklich?

Das Yoga hat mein Leben verändert. Ich habe sehr viel Glück mit meiner Lehrerin gehabt. Sie hat mich ein Yoga gelehrt, das in den herkömmlichen Schulen, Kursen, nicht vermittelt wird. Gar nicht vermittelt werden kann, denn ich habe immer nur Einzelstunden bei ihr genommen. Manchmal habe ich

überlegt, ob ich nicht doch einmal an ihrem Gruppenunterricht teilnehmen sollte, aber meine Eifersucht, daß sie sich dann auch um andere Menschen kümmert, haben mich immer wieder davon abgehalten. Adelheid wollte ich für mich allein haben, und nur so konnte wohl die Vertrautheit zwischen uns entstehen. Dies hatte später den Vorteil, daß sie stets auf meine momentane körperliche und geistige Reife eingehen konnte. Daß ich mich ohne Zeugen bei ihr fallenlassen konnte, wenn mir nach weinen war und meine Verzweiflung übergroß. Und das war oft der Fall. Vor allem, weil ich meine Übungen manchmal beinahe bis zum Zusammenbruch ausgeübt habe.
»Sie sollten sanfter mit sich und ihrem Körper umgehen.«
»Auf dem Strich habe ich mich auch nicht so angestellt.«
»Sie sind hart zu sich.«
Adelheid hat recht, aber wir wissen beide, daß ich nur so im Yoga weiterkomme.
Ich höre oft, daß ich zu stark auf sie bezogen bin, aber ich tue nichts anderes als den uralten östlichen Lehren Tribut zu zollen, indem ich nur einem Leitbild folge. Wohl um den Schüler nicht zu verwirren, weil jeder eine andere Art zu lehren besitzt. Und Adelheid ist für mich die Frau, die Lehrerin, die auf alle meine Fragen eine Antwort weiß.
»Elisabeth«, sagt Sissy eines Abends zu mir, »verteidige deine Liebe zu ihr nicht. Das hast du nicht nötig und sie ist es wert.«
Ich habe zwei Mütter – jene Frau, die mich körperlich geboren und unter vielem Verzicht auf das Eigene großgezogen und die Ausbildung ermöglicht hat. Jene andere, die mich wiedergeboren hat und mich aus ihrer unerschöpflichen Weisheit nährt.
Eine einzige Silbe hat mich in andere Bahnen gelenkt. »OM«. Ich trage wieder helle Farben. Habe viel von meiner Angst vor der Dunkelheit verloren. Mein Gang ist aufrecht. Die Kleidung geschlitzt und figurbetont. Für mich. Nicht für die Männer. Sonnenbrillen trage ich auch nicht mehr. Ich will die

Sonne sehen. Geld ist mir nicht mehr das wichtigste. Sicher, es ist zur Zeit sehr knapp, aber das war es eigentlich immer. Die Relation hat sich geändert. Das ist alles. Außerdem liegt es in meinen Händen, ob ich mehr Geld verdienen möchte. Ich brauche nur den ganzen Tag ins Büro zu gehen. Doch dieses Geld will ich nicht. Der Computer, an dem ich oft arbeite, besitzt keinen Atem. Mir fehlt der Herzschlag der Menschlichkeit, des Menschen, auch wenn ich seine Vorzüge zu schätzen weiß. Doch die wunderbare Lehre des Yoga, die mich trotz meines Lebenswandels von der ersten Minute an aufgenommen hat, weil sie keine Verachtung kennt, hat mir mittlerweile einen Herzenswunsch erfüllt, indem sie mich Anfänger unterrichten läßt. Ein Anfang, ein neuer Weg? Das Wachsen in neue Aufgaben und irgendwann raus aus dem Büro? Wer weiß. Trotz meiner Rückschläge, denen ich immer wieder ausgesetzt bin, ist das Yoga für mich zum Garten der Heilung geworden.
Noch etwas hat sich geändert. Ich fühle mich nicht mehr häßlich. Habe endlich gelernt, mein Gesicht anzunehmen. Make-up benutze ich selten – ich will mein Gesicht sein. Aber ich gehe nicht mehr aus. Ich bin menschenscheu geworden, zumindest Fremden gegenüber, die mir in Lokalen begegnen könnten. Betrete ich doch einmal ein Restaurant, habe ich das Gefühl, daß ich mein linkes Bein minimal nachziehe. Links, Gefühlsseite, nicht gehen wollen, sich nicht zeigen mögen, das ist wohl die Erklärung dafür.
Ich bin sehr schlank geworden. Manche meiner Freundinnen sagen, ich sehe zart, zerbrechlich und schutzbedürftig aus. Bei Frauen habe ich überhaupt sehr oft das Gefühl ausgelöst, mich bemuttern zu müssen. Warum sehen mich Frauen in diesem Licht? Was löse ich bei Männern aus? Körper zu sein? Immer und immer wieder? Ist das der Grund, weshalb jedes Pfund zuviel Hysterie in mir auslöst? Mehr Pfunde bedeutet mehr Formen zu haben. Fraulich zu sein – das, was ich nicht bin.

Ich versuche ein neues Be-greifen zu lernen. So ungeliebt bin ich gar nicht gewesen. Viele meiner Gäste haben mich geliebt. Meine Schülerinnen bringen mir Vertrauen entgegen und ich ihnen meine Art von Liebe. Ich liebe meine Mutter, meinen Bruder und meine Schwester. Meine Freundinnen und meine Lehrerin. Meine platonischen Freunde. Das ist viel. Muß es denn unbedingt eine Zweierbeziehung sein?
In meinem Leben bin ich so viele Tode gestorben, vor dem Körperlichen fürchte ich mich nicht mehr. Es bedeutet für mich einen Übergang von einer geringeren in eine größere Vollkommenheit. Ich sehne mich nach Ruhe und Frieden. In eine Zeit der Stille. Einmal nicht mehr kämpfen müssen. Wer wünscht sich das nicht. Kaum einer erhält dieses Geschenk vom Leben. Etwas bewegt mich: Werde ich je die Antwort auf die Fragen finden:
»Warum habe ich das alles getan? Wer bin ich?«

Pechmarie

Das Märchenbuch
Liegt noch auf deinen Knien
Leicht
Mehr die Gedanken
Es gilt, sie ein wenig zu halten
Wie war das
Mit dem schönen mutigen Prinz
Der klopft und lärmt an das Tor
Die Rettung zu bringen …
Es klopft und lärmt an dein Tor
Öffne
Pechmarie
Ein Freier begehrt den Einlaß

KÖSEL

Wege aus der Beziehungssucht

Stephanie Covington/Liana Beckett

Immer wieder glaubst du, es ist Liebe

Wege aus der Beziehungssucht
1990. 272 Seiten. Kartoniert

Wenn erst der Partner dem eigenen Leben Sinn gibt und für alle Freude und Lust verantwortlich gemacht wird, dann ist es möglich, das aus Liebe Sucht geworden ist und ein selbstzerstörerischer Beziehungskreis begonnen hat. Dieses Buch möchte ein Wegbegleiter auf der Entdekkungsreise zu einem eigenständigen Selbst sein, das in Beziehungen lebt, die ihm förderlich sind.

Die Autoren wenden sich in ihrem Buch an alle, die aus ihrem selbstzerstörerischen Kreis der Beziehungssucht aussteigen und eine tragfähige, gleichberechtigte Liebesbeziehung aufbauen möchten.